AI学习助手

彩图版

给青少年的 DeepSeek 快速入门指南

图蓝　赛启团队 - 著

王娜 - 绘

中国科学技术出版社

·北 京·

图书在版编目（CIP）数据

AI 学习助手 : 给青少年的 DeepSeek 快速入门指南 / 图蓝 , 赛启团队著 ; 王娜绘 . -- 北京 : 中国科学技术出版社 , 2025.6. -- ISBN 978-7-5236-1383-2

Ⅰ. G632.46-39

中国国家版本馆 CIP 数据核字第 2025DM3838 号

策划编辑	何英娇	责任编辑	何英娇　童媛媛
封面设计	东合社	版式设计	愚人码字
责任校对	焦　宁	责任印制	李晓霖

出　　版	中国科学技术出版社
发　　行	中国科学技术出版社有限公司
地　　址	北京市海淀区中关村南大街 16 号
邮　　编	100081
发行电话	010-62173865
传　　真	010-62173081
网　　址	http://www.cspbooks.com.cn

开　　本	880mm×1230mm　1/32
字　　数	137 千字
印　　张	7.5
版　　次	2025 年 6 月第 1 版
印　　次	2025 年 6 月第 1 次印刷
印　　刷	大厂回族自治县彩虹印刷有限公司
书　　号	ISBN 978-7-5236-1383-2/G・1089
定　　价	59.00 元

目 录
Contents

第 **1** 章
DeepSeek 是什么

第 **2** 章
通用提问技巧

第 **3** 章
助力高效学习

第 **4** 章
语文实战

第 **5** 章
数学实战

第 **6** 章
英语实战

第 **7** 章
自然科学学科实战

第 **8** 章
社会科学学科实战

第 1 章

DeepSeek 是什么

　　DeepSeek 的横空出世犹如向全球科技与金融界投下一枚"AI① 核弹"，不仅引起了各界的广泛关注，也为 AI 应用开辟了新的可能性。在这一章中，我们将深入探讨 DeepSeek 的起源、发展历程及其独特的技术优势。你准备好使用这款 AI "神器"了吗？

AI 学习助手　给青少年的 DeepSeek 快速入门指南

---

① AI，英文 Artificial Intelligence 的简称，即人工智能。

第1节　DeepSeek 从何而来

2023 年夏天，一群 AI 工程师在梁文锋的带领下，以开源大型语言模型为基础，成立了 DeepSeek 公司，即杭州深度求索人工智能基础技术研究有限公司。

国际上流行的生成式语言大模型，如 ChatGPT，在预训练大规模文本数据的过程中，其庞大算力要用掉几座发电厂的电力。而这群工程师却不走寻常路，他们想用"摊煎饼"的成本造出"米其林大餐"：像拼积木一样，用"低成本、高效率"的模块化设计，硬生生把训练成本砍掉了 90%。

一、DeepSeek 的硬核绝技

如果把 ChatGPT-4o 比作天赋型学霸，那 DeepSeek-R1 就像个爱思考的学神，沉迷于推理式学习。

比如，DeepSeek-R1 有一套强化学习的特训方法，每次遇到数学题，都会写下推理草稿。例如：遇到复杂题目时，它会先将题目拆成小问题，一步步解决；如果一种方法行不通，就换另一种思路试试，错了没关系，检查后重新计算。

DeepSeek-R1 还会先列变量关系，再推导公式变形，最后验算检查——这种"思维链"训练让它的解题正确率飙升，它甚至能发现题目隐藏的陷阱。

正是这种慢工出细活的推敲习惯，让 DeepSeek-R1 在数学奥赛题上反超 GPT-4o，成就了它反向碾压的绝技。

DeepSeek-R1 可不是普通的 AI 大脑，在它 2360 亿的参数里，住着数学教授、代码大神、绘画大师等上百个专家，这个系统叫作混合专家模型。当你问数学题时，DeepSeek-R1 会瞬间激活"高斯小队"；当你让它写作文时，"鲁迅分队"就会立刻上线。

此外，DeepSeek-R1 具备记忆超能力。它支持 128K 超

长文本记忆，相当于它读完《三体》三部曲还能记住每个水滴的飞行轨迹。更绝的是，"MLA 注意力机制"即"多头潜在注意力机制"，就像多个小侦探一起挖掘故事中的隐藏线索，各自专注不同部分，最后汇总关键信息，忽略无关部分。这个机制让显存占用大幅减少，相当于把图书馆装进了铅笔盒。

最后，DeepSeek-R1 还拥有视觉魔法，实现了少样本学习、毫米级精度及跨模态映射的视觉推理跨越式升级。比如，仅需 10 张恐龙化石照片，AI 即可自动分析骨骼结构、纹理特征，生成带步骤拆解的 3D 建模教程；比如，通过建筑的目标检测与场景理解算法，连瓦当纹路、砖缝角度等细节均能精准还原，误差小于 0.1 毫米。跨模态映射，即将平面（2D）图像信息与立体（3D）空间坐标动态关联，AI 如同拥有了立体视觉眼镜。

二、DeepSeek 的进化过程

2023 年 7 月，DeepSeek 成立，随后以惊人的速度完成了从技术突破到全球应用的跃迁；2024 年 5 月，推出 V2 模型并引入混合专家模型，将推理成本降至行业颠覆级的每百万 Tokens（最小文本单元）1 元；同年 12 月，发布的 V3 模型凭借 6710 亿参数，以超低成本实现性能飞跃，为后续爆发奠定基础；2025 年 1 月推出的 R1 模型，凭借类人推理能力与全开源策略，不仅在全球应用下载榜登顶，更通过与国家超算平台对接、与英伟达等巨头合作，推动 AI 能力渗透至教育、金融等多元场景，完成从实验室创新到基础设施级应用的蜕变。

DeepSeek 的总体进化过程如表 1-1 所示。

表 1-1　DeepSeek 的总体进化过程

形态	变身时间	新技能解锁	对标对手
代码侠	2023.11	能同时用 Python 和文言文写代码	CodeLlama
语言大师	2024.01	推理能力碾压 Llama2	国际版 ChatGPT
省钱达人	2024.05	生成百万字仅需 1 元	GPT-4 Turbo
速度狂魔	2024.12	响应速度提升 3 倍	Claude-3.5-Sonnet
数学战神	2025.01	解奥数题能力反超 GPT-4o	OpenAI o1

三、中国 AI 引发的科技风暴

DeepSeek 的横空出世犹如向全球科技与金融界投下一枚

"AI 核弹"。

2025 年 1 月发布的 R1 模型，仅使用了超低的算力和成本，就实现了媲美 OpenAI o1 模型的性能。

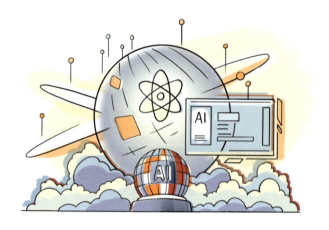

低算力需求不仅使英伟达 H100 芯片市场需求预期骤降、引发美股算力概念股暴跌，更推动了国产昇腾芯片在华为云平台实现同等任务支撑能力的增强，它标志着中国 AI 技术路线成功突破"算力霸权"的产业桎梏。

1. 技术性价比之王

2024 年年底，深夜的硅谷会议室灯火通明，一群工程师盯着屏幕上的参数对比图直冒冷汗。DeepSeek 通过混合专家模型的动态稀疏注意力机制，在保持 95% 精度的前提下将推理显存消耗降低了 67%，其 R1 模型更以 1/7 的算力消耗实现与 OpenAI 顶级模型相当的数学推理能力。

这种技术突破直接颠覆了传统 AI 依赖海量 GPU 堆砌的路径。

2. 双榜登顶的 AI 应用

2025 年 1 月，DeepSeek 应用以破竹之势同时登顶中国与北美地区苹果应用商店免费榜，不仅在中国区，更在美国区力压 ChatGPT 等所有同类应用，成为首个实现中美双榜登顶的中国 AI 应用。

其下载狂潮迅速席卷至全球 140 个国家，在发布后的 18 天内即突破 1600 万次下载量，是同期 ChatGPT 下载量的两倍，这标志着中国 AI 产品首次在全球消费市场实现技术与商业的双重逆袭。

3. 推动了教育革命

在肯尼亚马赛马拉草原的帐篷教室里，12 岁的恩乔罗正用碎屏的手机登录 DeepSeek。在 2G 网络下，AI 老师将三维微积分公式压缩成适合低带宽传输的"知识饼干"，并自动切换为当地方言讲解，连黑板上的粉笔灰特效都做了本地化优化。DeepSeek 中预装了 200 个数学实验的交互模块，即使断网也能玩转离线知识包。

第 2 节　DeepSeek 都能做什么

一、DeepSeek 主要的优点和应用场景

1. 核心优势

一是高效混合架构。DeepSeek 采用混合专家模型，可动态激活参数，在保证性能的同时降低计算资源消耗；支持256k Tokens 长上下文处理，适用于金融文档分析、法律合同审查等场景。

Token 是文本分割的最小单位，用于将连续文本转化为结构化数据，供 AI 模型处理，其形式可以是单词、子词、字符

或标点符号，具体由算法决定。

二是中文场景深度优化。DeepSeek 对中文语法、中国文化背景的理解能力突出，其成语和专业术语识别准确率超 95%，显著优于多数国外模型。

三是小样本学习能力强。在多模态领域，DeepSeek 仅需 10 条数据即可提升模型性能，小样本场景准确率提升了 24.3%。

四是训练与推理效率高。DeepSeek 采用 3D 并行训练策略，千亿参数模型训练时间从行业平均 6 个月缩短至 45 天，能耗降低了 40%，响应速度提升了 3 倍。

五是开源生态与低成本部署。DeepSeek 提供开源模型（如 DeepSeek-R1）及轻量化工具链，支持端侧设备运行，推理成本仅为同类产品的 1/3。

六是安全合规性高。DeepSeek 内置三重内容过滤机制，安全评分达 92.5/100，满足企业级合规需求。

2. 典型应用场景

一是垂直领域深度分析。在财报解读方面，误报率降低 62%；在风险预测方面，准确率提升 35%；在医疗辅助中的影像与病历联合分析方面，识别准确率达 98.7%。

二是编程与开发支持，DeepSeek 代码生成与优化能力突出。

三是企业级服务。DeepSeek 智能客服系统支持情感化对话，结合定制知识库提供精准问答服务，并可提供可视化的数据分析报告。

四是教育领域创新。DeepSeek 可生成个性化学习方案，支持文言文翻译、数学证明等复杂任务。

因此，DeepSeek 凭借其高效混合架构、中文场景深度优化、低成本部署优势以及"大模型智慧、小模型效率"的设计理念，为企业和开发者提供了高性价比的 AI 解决方案。

二、DeepSeek 主要的缺点及不擅长做什么

1. 技术局限性

一是"幻觉"与可信度问题。DeepSeek 输出存在不可解释性和"幻觉"（生成看似合理但不符合实际的内容），在政

务咨询、法律咨询等场景中易引发信任问题。对复杂数学问题（如高阶方程推导）和专业领域（如医学诊断）的推理准确率较低，需结合人类专家进行判断。

二是多模态能力不足。DeepSeek 缺乏图像生成、语音交互等完整的多模态功能，无法满足复杂场景需求（如 PPT 制作、视频分析等）。图像识别准确率低于 Kimi、通义等竞争产品，非结构化数据（如医学影像）特征提取能力有限。

三是实时学习与知识更新滞后。DeepSeek 无法通过单次对话主动更新知识库，目前只能依赖后台系统进行迭代，导致其对新兴技术（如 2024 年后行业趋势）响应延迟。

2. 应用场景短板

一是复杂任务处理。DeepSeek 长文本生成易出现逻辑断层，多步骤规划（如项目管理）的连贯性受限。DeepSeek 的对话灵活性弱于 ChatGPT，创意内容生成（如诗歌、故事）的文学性和情感表达不足。

二是数据依赖与安全风险。DeepSeek 过度依赖高质量标注数据，如果训练数据与真实场景存在差异，性能就会显著下降。另外，其数据安全防护机制不完善，存在敏感信息泄露风险。

3. 生态与部署限制

DeepSeek 的开源生态建设不足，插件系统和行业适配性（如教育、政务场景）落后于文心一言、Kimi 等国内竞品。硬件依赖性强，算力资源受限时可能影响大规模并发处理能力。

另外，DeepSeek 国际化布局薄弱，其应用主要集中在国内市场，全球化生态拓展（如多语言支持、海外合规性）落后于 OpenAI 等国际厂商。

总之，DeepSeek 在垂直领域深度分析和中文场景优化上表现突出，但在多模态任务、复杂推理、全球化布局等领域存在明显短板。

三、DeepSeek 与 ChatGPT 的比较

通过技术路径差异，DeepSeek 以"效率革命"重塑行业标准，ChatGPT 则以通用性维持生态优势。DeepSeek 与 ChatGPT 的比较如表 1-2 所示。

 表 1-2　DeepSeek 与 ChatGPT 的比较

对比维度	DeepSeek	ChatGPT
技术架构	采用混合专家模型，动态激活 370 亿参数，支持 256k Tokens 长上下文处理	基于 Transformer 架构的 GPT 系列模型，参数规模达万亿级，支持多模态输入
训练策略	以中英双语数据为核心（中文占比 40%），融入行业知识库，负载平衡优化资源	多语言混合数据（96 种语言），依赖 RLHF 优化输出
垂直领域优势	金融量化分析、医疗辅助诊断、编程辅助	创意内容生成（故事/诗歌/文案）、多语言实时翻译
响应效率与成本	API 调用成本低至 1 元/百万 Tokens，低延迟	生成连贯长文本效率高，但 API 成本约为 DeepSeek 的 3 倍
中文支持能力	中文语法与文化背景深度优化，专业术语识别准确率超 95%	中文处理流畅度较低，易出现"直译式"表达

续表

对比维度	DeepSeek	ChatGPT
部署灵活性	支持开源模型私有化部署，硬件需求降低60%	依赖云端服务，商业化程度高
多模态能力	多模态能力尚未全面开放	支持图像生成、语音交互等完整多模态功能
生态扩展	通过昇腾芯片适配覆盖东南亚、中东等新兴市场	依托 OpenAI 生态构建多场景产品矩阵
主要局限性	对话灵活性不足，长文本生成易出现逻辑断层	专业领域分析深度有限，数据更新滞后

根据表 1–2 的比较，建议大家根据应用场景与功能需求差异，采用差异化模型选择方案。

在中文优化及垂直领域分析场景中，建议优先选择 DeepSeek 模型。其凭借专业领域 95% 以上的术语识别准确率、支持私有化部署的灵活性以及仅为同类产品 1/3 的推理成本，可显著提升金融、医疗等行业的分析效率。

当涉及创意内容生成或多模态任务时，推荐使用 ChatGPT 模型，其成熟的图像生成功能与对话的强逻辑延展性，能够满足广告文案设计、跨模态交互等创新需求。

第3节 如何注册和登录

通过以上介绍，你对 DeepSeek 有所了解了吗？接下来，我来告诉你们怎么轻松搞定注册和登录吧！

一、注册步骤

方案1：官网注册，如图1-1所示。

首先，访问官网。在电脑浏览器里输入网址 https://chat.deepseek.com，打开 DeepSeek 的首页。

其次，选择注册方式，如图1-2所示。

手机号注册：点击"注册"按钮，输入你的手机号。

图1-1　DeepSeek 的官网界面

等收到短信验证码后，填写进去，再设置一个复杂密码，密码最好包含大小写字母、符号和数字，比如 NeZha–2025@Fire。

图 1–2　DeepSeek 的注册界面

邮箱注册：如果你更喜欢用邮箱，也可以输入邮箱地址，待邮箱收到验证码后填写验证码，然后设置密码。

如果你已经有微信、QQ 或者微博账号，可以直接用这些账号一键登录，省时又方便。

方案 2：手机 App 注册。

首先，下载安装 App。

iOS 用户去 App Store 搜索 "DeepSeek"，点击 "获取"，然后验证你的 Apple ID 就可以下载了。

安卓用户可以在华为、小米等应用商店或应用宝中搜索 "DeepSeek"，点击 "安装" 就行。

其次，按照如下注册流程操作。

打开 App，点击 "注册"，选择手机号，然后按之前的步骤操作，和官网注册一样简单。

注册完成后，你就能见到如图 1-3 所示的页面，可以正式跟它对话啦！

图 1-3　DeepSeek 的对话界面

二、注意事项

1. 密码规范

要将密码设置得稍微复杂一些，确保包含大小写字母和数字，最好不要用像 123456 这样的简单密码。

2. 验证码问题

如果验证码发得很慢，别着急，刷新页面或者换个浏览器试试。记得验证码有效期是 5 分钟，超时了就要重新获取。

3. 账号关联

如果用第三方平台注册（比如通过微信、QQ、微博），记得在"账号设置"里绑定手机号或邮箱，这样就可以随时登录了。

 三、常见问题解答

注册过程中，如果遇到问题（表 1-3），按照这些步骤来，你一定能顺利注册，体验到 DeepSeek 的 AI 对话、代码生成等各种功能。

 **表 1-3　DeepSeek 注册时的可能问题场景及解决方案**

问题场景	解决方案
手机号提示"已被注册"	不用慌，直接输入密码登录，系统会自动关联到你的原有账号
邮箱验证邮件被归类为垃圾邮件	去邮箱的垃圾箱里找一下，或者把 DeepSeek 的域名加到白名单，这样就不会错过重要邮件

续表

问题场景	解决方案
页面加载异常	清除一下浏览器的缓存，或者试试使用无痕浏览模式

 四、DeepSeek API 调用流程

API 是"应用程序接口"的缩写，可使不同的程序能够相互通信和协作，是现代软件开发中至关重要的组成部分。如果你想了解怎么使用 DeepSeek 的 API，可以看看下面的步骤。

1. 注册与密钥获取

首先得在 DeepSeek 平台注册账号。登录后，去"API Keys"页面，生成一个你的专属密钥（API Key）。记住要妥善保管这个密钥，通过环境变量或代码配置它，用来验证身份。

2. 请求与响应

Python 是一门功能强大且灵活的编程语言，被广泛应用于各个领域，适合于初学者和经验丰富的开发者。这里有一段用 Python 发送请求的示例代码：

python 复制代码

import requests headers = {"Authorization": "Bearer YOUR_API_KEY"} # 把 YOUR_API_KEY 换成你的密钥。

data = {"prompt": "请给我一些信息！", "max_Tokens": 50} # 填写你想要的内容和返回的文本长度。

response = requests.post("https://api.deepseek.com/v1/chat", headers=headers, json=data) # 发送请求。

发送后，DeepSeek 的服务器会返回一个 JSON 格式的文本生成结果给你。

3. 进阶功能

你若想用更高级的功能，比如返回结构化数据或通过 API 触发预定义函数，DeepSeek 也能做到。

4. 典型应用场景

DeepSeek 的 API 可以用于以下场景。

智能对话：可以集成聊天机器人，和用户进行多轮对话。

代码生成：把自然语言描述输入进去，DeepSeek 就能生成相应的代码片段。

数据分析：可以用它完成文本摘要、情感分析等任务，特别高效。

5. 注意事项

安全性：一定要加密存储你的 API 密钥，别泄露出去。

功能限制：现在 DeepSeek API 不支持联网问答，这点要注意一下。

好了，以上就是关于 DeepSeek 的一些信息，希望你们能顺利上手，做出好玩的东西！

第 2 章

通用提问技巧

　　无论是学习还是生活中的各种问题，DeepSeek 都能为你提供帮助。本章将带你掌握通用提问技巧，让你在与 DeepSeek 的对话中游刃有余。掌握了这些技巧，你将发现 DeepSeek 不仅是你的智能助手，更是你探索知识、解决问题的好伙伴！

AI 学习助手　给青少年的 DeepSeek 快速入门指南

第1节　青少年的全能小伙伴

如果你有一个超级聪明的朋友，可以随时帮你解答问题、给你灵感，甚至陪你一起学习，那感觉会不会很开心？没错，DeepSeek 就是这位聪明的小伙伴，它还是你的私人助手，无论你在学习、写作、探索兴趣方面，还是在管理时间上，它都能帮上忙。

1. 有了学习的小帮手，再也不必害怕难题啦！

你经常会有数学题不会做，或者历史事件记不住的烦恼。别担心，试着把你不懂的问题告诉 DeepSeek，它会像老师一样耐心解答哦。

比如，平时解答难题的时候，你可以问它："如何解一元二次方程？"它会一步步教你解题方法。

考前复习的时候，它能帮你总结知识点，比如，你可以提问："请帮我总结一下中国古代四大发明的历史意义。"

2. 它是写作好伙伴，可以帮你获得源源不断的灵感

平时写作文时，你的思路是不是经常会卡住？下次写作文时，试试让 DeepSeek 帮你打开思路，看看你的作文会不会变得更棒。

在构思作文的时候，你可以问："我想写一篇关于环保的作文，能给我一些建议吗？"它会给你很多有趣的点子。

在写完作文后，你可以让它帮你修改："请帮我修改一下这篇作文，让它更流畅。"

3. 它是多才多艺的兴趣探索专家，可以帮你发现新世界！

你喜欢天文、编程，还是音乐、绘画呢？选一个你感兴趣的话题，问问 DeepSeek，看看它能告诉你什么有趣的知识。

比如，在知识拓展方面，你可以问它："黑洞是怎么形成的？"它会用简单易懂的语言告诉你答案。

如果你在做科学实验，可以问它："如何设计一个简单的植物生长实验？"它会给你详细的步骤。

4. 它是时间管理大师，可以让你学习生活两不误

如果你总感觉作业太多，时间不够用，试试用 DeepSeek 帮你规划时间，你会发现学习变得更轻松！

比如，你可以用它制订学习计划，你可以问它："能帮我制订一个周末的学习计划吗？"它会给你一个合理的安排。

你还可以交给他提醒任务，让它提醒你及时复习，比如"提醒我每天晚上 8 点复习数学"，看看它是不是很负责任。

5. 它是语言学习好帮手，可以帮你轻松学外语

你很想提高英语水平吗？DeepSeek 可以陪你练习。每天

坚持和 DeepSeek 用英语聊几句，你的外语水平肯定会飞速提升。

你想练习口语的时候，可以问它："Can you help me practice English conversation?"它会和你对话，帮你提高口语。

它可以提供其他语言的翻译服务，比如，你可以问："把这句话翻译成法语：你好，我叫小明。"

6. 它是心理支持小天使，可以让压力不再困扰你

你的学习压力大吗？最近心情好吗？DeepSeek 是你最靠得住的保守秘密小伙伴，它会一直陪在你身边，听你倾诉，给你安慰。

比如，你可以告诉它："最近学习压力很大，我该怎么办？"听听它会给你哪些有趣的放松建议。

7. 它是创意激发器，可以让你想象力飞起来！

你在做创意作业的时候没有灵感吗？DeepSeek 可以帮你头脑风暴！试试让 DeepSeek 帮你激发灵感，看看你的思路会不会更精彩。

比如，你可以问它："我们班要办一个环保主题的活动，有什么好的创意吗？"它会给你很多有趣的点子。

如果你喜欢绘画、音乐，就可以问它："能给我一些绘画

的灵感吗？"

8. 它是编程小达人，可以帮你轻松编程序、用软件

你对编程感兴趣吗？遇到软件操作问题了吗？DeepSeek可以教会你。试着用 DeepSeek 学点编程，说不定你会成为下一个编程小天才！

比如，在学习编程时，你可以问它："如何用 Python 实现一个简单计算器的功能？"它会教你写代码。

在使用软件时，如果遇到不懂的操作，你可以问它："如何在 Excel 中制作柱状图？"

9. 它是社交小助手，可以让你的沟通变得更简单

你和同学或者老师相处有困难吗？试着采用 DeepSeek 的建议，看看你的社交能力会不会提升。

比如，想要沟通建议的时候，你可以问它："如何与同学更好地相处？"它会教你一些社交技巧。

在做演讲准备的时候，你可以问它："能帮我写一篇关于友谊的演讲稿吗？"

10. 它是健康生活顾问，可以让你保持活力每一天!

DeepSeek 可以给你有关健康运动或者合理饮食的建议。试试它的建议，让自己变得更健康、更有活力！

比如，你可以问它："有哪些适合中学生的室内运动？"它会推荐适合你的运动。

你想改善饮食的时候，可以问它："能给我一些健康的早餐建议吗？"

这么说来，DeepSeek 简直就是你的一位无所不能的朋友，随时准备帮助你学习、探索、解决问题。只要你善于利用，它就能成为你成长路上的好伙伴。

第 2 节　DeepSeek 提问的五大法则

DeepSeek 是一个多功能的智能助手，可以帮助你在学习、生活和兴趣发展等方面取得进步。然而，从上面的介绍中，我们不难发现，如何提问很关键。

为了让这位全能的小伙伴更好地理解你的问题，并给出最棒的回答，我们需要掌握一些提问的技巧！

DeepSeek 高效提问五大法则可以让你的提问变得更有趣、更有效。

提问题？要遵循五大法则！

1. 问题要具体

如果你问的问题太模糊，DeepSeek 可能就会像迷路的小鹿，一头雾水，不知道该怎么回答你了。试着把你的问题变得更具体，看看 DeepSeek 会不会给你更棒的回答。

因此，在提问前，试着把你的问题梳理一遍，找出问题的关键词，并表述得更清楚一些。

对比示例：

模糊问题："怎么养宠物？"

具体问题："我想养一只小仓鼠，需要注意哪些事情？"

---

2. 问题要提供背景信息

DeepSeek 就像一位喜欢听故事的朋友，如果你告诉它更多背景信息，试着加一点小故事，DeepSeek 就会更懂你。

在提问时，你可以像讲故事一样，告诉 DeepSeek 你遇到了什么情况，或者你想知道什么。

对比示例：

无背景："怎么画画？"

有背景："我想画一幅关于太空的画，但我不知道怎么画星星和银河系，你能教我吗？"

3. 问题要简洁

如果你的问题太长，DeepSeek 可能会像被绕晕的小鸟，找不到重点。试着用一句话把你的问题说出来，看看 DeepSeek 能不能更快地回答你。

把你的问题变得简短有力，就像投篮一样，直奔篮筐！

对比示例：

冗长问题："我今天在学校学了数学，老师讲了很多关于分数的问题，但我还是不太懂，你能告诉我怎么算分数吗？"

简洁问题："分数的加减法怎么算？"

4. 问题用词要准确

如果你用的词语有歧义，DeepSeek 可能会搞不清楚你的意思，试试用更准确的词语提问，看看 DeepSeek 会不会给你更想要的回答。

用准确的词语提问，让 DeepSeek 明白你的意思。

对比示例：

歧义问题："怎么玩？"

准确问题："怎么玩'大富翁'这款游戏？"

5. 要学会分步提问

如果你问的问题太复杂，DeepSeek 可能会不知道从哪里开始回答。试着把一个复杂的问题拆成几个小问题，看看 DeepSeek 会不会更容易帮你解决。

你的问题很复杂，要拆开了问。

把复杂的问题，像拆积木一样，拆成几个小积木，再一步一步提问，慢慢把积木搭起来。

对比示例：

复杂问题："怎么做一个科学实验？"

分步提问：

"科学实验需要准备哪些材料？"

"怎么设计一个简单的实验步骤？"

"实验结束后怎么记录结果？"

亲爱的同学，只要你掌握了提问的这五大法则，你就变身为提问小达人了。向 DeepSeek 提出最棒的问题，你就会从它那里得到最有趣、最有用的回答。

提问是一门艺术，而你，就是那位小小艺术家！

第 3 节　常见的提问模板有哪些

在使用 DeepSeek 时，采用一些常见的提问模板可以帮助你更高效地获取所需信息。以下是一些常见的提问模板，适用于不同的场景和需求。

1. 定义类提问

> **模板："什么是……？"**
>
> **示例：**
>
> "什么是人工智能？"
>
> "什么是光合作用？"

2. 解释类提问

> **模板："……是什么意思？"**
>
> **示例：**
>
> "量子力学是什么意思？"

"GDP 是什么意思？"

3. 步骤类提问

模板："如何……？"

示例：

"如何制作一个简单的电路？"

"如何申请大学？"

4. 原因类提问

模板："为什么……？"

示例：

"为什么天空是蓝色的？"

"为什么需要睡觉？"

5. 比较类提问

模板："……和……有什么区别？"

示例：

"Java 和 Python 有什么区别？"

"猫和狗有什么区别？"

6. 建议类提问

模板："你能给我一些关于……的建议吗？"

示例：

"你能给我一些关于时间管理的建议吗？"

"你能给我一些关于健康饮食的建议吗？"

7. 示例类提问

> **模板："你能给我一个······的例子吗？"**
>
> 示例：
>
> "你能给我一个递归函数的例子吗？"
>
> "你能给我一个比喻的例子吗？"

8. 优缺点类提问

> **模板："······有什么优缺点？"**
>
> 示例：
>
> "太阳能有什么优缺点？"
>
> "在线教育有什么优缺点？"

9. 历史类提问

> **模板："······的历史是什么？"**
>
> 示例：
>
> "互联网的历史是什么？"
>
> "罗马帝国的历史是什么？"

10. 未来趋势类提问

模板:"……的未来趋势是什么?"

示例:

"人工智能的未来趋势是什么?"

"电动汽车的未来趋势是什么?"

我对人工智能的未来发展很好奇,该怎么问问题呢?

11. 工具类提问

模板:"有哪些工具可以用于……?"

示例:

"有哪些工具可以用于数据分析?"

"有哪些工具可以用于项目管理?"

12. 资源类提问

模板："有哪些资源可以学习……？"

示例：

"有哪些资源可以学习编程？"

"有哪些资源可以学习心理学？"

13. 技巧类提问

模板："有哪些技巧可以……？"

示例：

"有哪些技巧可以提高记忆力？"

"有哪些技巧可以快速阅读？"

14. 问题解决类提问

模板："如何解决……问题？"

示例：

"如何解决电脑蓝屏问题？"

"如何解决拖延症问题？"

15. 评价类提问

模板:"……怎么样?" 🔍

示例:

"Python 这门编程语言怎么样?"

"这部电影怎么样?"

在学习中,这些模板能让你更好地利用 DeepSeek,获得更好的使用体验。记得多尝试、多提问,你会发现 DeepSeek 的无限潜力!

第 3 章

助力高效学习

語文、數学、英语等学科，不仅是中小学阶段学业成绩的核心组成部分，更是培养大家逻辑思维、语言表达和文化素养的重要基础。然而，同学们在学习过程中难免会遇到各种难题和瓶颈，如何高效解决这些问题成为提高成绩的关键。通过精准提问，能借助 DeepSeek 快速找到学习中的薄弱点。它会提供个性化的解决方案，助你在学习中取得突破性进步。

AI 学习助手　给青少年的 DeepSeek 快速入门指南

亲爱的同学，通过前面的介绍，相信你已经掌握了一些与 DeepSeek 沟通的通用提问技巧。现在，是时候将这些技巧运用到实际学习中了。

你是否曾经为预习新课而感到迷茫？为复习旧知而烦恼？为作业难题而抓耳挠腮？别担心，DeepSeek 来了！

在这一章，我们一起学习利用 DeepSeek 的强大功能，轻松搞定预习、复习、作业、考试等学习环节，让你的学习之旅更加高效、有趣！

第 1 节　预习与复习环节

1. 预习环节

良好的开始是成功的一半，预习就是学好新知识的开始。然而，许多同学在预习时会感到迷茫，不知道从哪里入手。如果遇到一些复杂的概念和术语，预习会变得更加困难。如何在有限的时间内高效地完成预习任务呢？有请 DeepSeek 来帮忙。

①基础应用：快速理解，抓住重点

如果你的时间有限，想快速掌握核心知识点，不妨针对知识点直接提问，抓住预习重点，如表 3-1 所示。

 表 3-1　高效提问公式及提问示例

科目	高效提问公式	提问示例
语文	"（课文／知识点）的主要内容是什么？"	《背影》这篇课文的主要内容是什么？"
数学	"（概念／公式）的定义是什么？"	"二次函数的定义是什么？"

续表

科目	高效提问公式	提问示例
英语	"（单词／短语）的意思是什么？"	"'sustainability'这个单词的意思是什么？"

②**深度应用：深入理解，建立联系**

如果你希望深入理解知识点，可以进一步深度提问，提前布局系统学习，如表 3-2 所示。

表 3-2　深度提问公式及提问示例

科目	深度提问公式	提问示例
语文	"（课文）的主题思想是什么？作者是如何表达的？"	"《荷塘月色》的主题思想是什么？作者是如何通过景物描写表达情感的？"
数学	"（公式／定理）是如何推导的？它在哪些问题中可以应用？"	"勾股定理是如何推导的？它在解决几何问题时有哪些应用？"
英语	"（语法点）的规则是什么？它在句子中如何使用？"	"现在完成时的规则是什么？你能举几个例句来说明它的用法吗？"

DeepSeek 主要支持文本和图片输入，尚不能直接支持语音

输入和视频输入。在预习阶段，对于字词、概念等简单内容，可以直接打字输入；对于文字较多的段落、课文，或者较为复杂的定理、公式等，可以用手机拍照后上传。

2. 复习环节

良好的开始固然重要，但扎实的复习才是掌握知识的关键。

复习不仅是对已学内容的回顾，更是对知识的深化和巩固。通过复习，同学们可以查漏补缺，强化记忆，将零散的知识点串联成完整的知识体系。

然而，面对大量的学习内容，有的同学会感到无从下手；还有一些同学在复习时容易陷入"一看就会，一做就错"的困境，对知识的理解停留在表面，缺乏深入的应用能力。

在复习过程中，DeepSeek 可以帮助你梳理知识脉络，强

化重点难点，并通过学习效果考察和出题环节提升复习效果。

①基础应用：梳理知识，查漏补缺

适合需要快速回顾知识点或检测学习效果的同学，可以帮助同学夯实基础，如表 3-3 所示。

 表 3-3　DeepSeek 在复习环节中的基础应用

科目	高效提问公式	提问示例
语文	"（课文／知识点）的重点内容有哪些？我该如何检测自己是否掌握了这些内容？"	《背影》这篇课文的重点内容有哪些？我该如何检测自己是否掌握了这些内容？"
数学	"（概念／公式）的核心要点是什么？有哪些常见的易错点需要注意？"	"二次函数的核心要点是什么？有哪些常见的易错点需要注意？"
英语	"（单词／短语）的用法有哪些？如何判断自己是否真正掌握了它？"	"'sustainability'这个单词的用法有哪些？如何判断自己是否真正掌握了它？"

②深度应用：强化重点，提升能力

适合希望深入理解知识点并提升应用能力的同学，帮助同学突破难点，同时通过出题环节帮助同学巩固学习效果，如表 3-4 所示。

 表 3-4　DeepSeek 在复习环节中的深度应用

科目	高效提问公式	提问示例	DeepSeek 生成的测试练习题
语文	"（课文）的写作手法和主题思想是什么？请根据知识点出两道测试练习题。"	"《荷塘月色》的写作手法和主题思想是什么？请根据知识点出两道测试练习题。"	1."请分析在《荷塘月色》中作者是如何通过景物描写表达情感的。" 2."文中'月光如流水一般，静静地泻在这一片叶子和花上'运用了哪些修辞手法？请简要分析。"
数学	"（公式/定理）的推导过程和应用场景是什么？请根据知识点出两道测试练习题。"	"勾股定理的推导过程和应用场景是什么？请根据知识点出两道测试练习题。"	1."在一个直角三角形中，已知两条直角边分别为 3 米和 4 米，求斜边的长度。" 2."一个梯子靠在墙上，梯子底部离墙 2 米，梯子顶端离地面 8 米，求梯子的长度。"

续表

科目	高效提问公式	提问示例	DeepSeek 生成的测试练习题
英语	"（语法点）的规则和实际用法是什么？请根据知识点出两道测试练习题。"	"现在完成时的规则和实际用法是什么？请根据知识点出两道测试练习题。"	1."请将以下句子改写成现在完成时：I go to the park everyday." 2."分析以下句子中现在完成时的用法：She has already finished her homework."

在完成 DeepSeek 为你生成的练习题后，你可以将答案输入或粘贴到对话框中，并附上题目内容，以方便 DeepSeek 进行对照批改。

批改提问公式：

"请批改我的答案，并提供解析和改进建议：题目是（题目内容），我的答案是（你的答案）。"

第 2 节　作业、试卷与错题分析

1. 作业批改与试卷分析

作业批改和试卷分析是学习过程中不可或缺的重要环节，它们不仅是对学习效果的检验，更是发现问题和提升能力的关键途径。通过作业批改和试卷分析，你可以精准定位自己的薄弱环节，查漏补缺，从而在后续的学习中有的放矢，实现高效提升。

然而，许多同学在完成作业或试卷后，往往只关注分数，而忽略了错题背后的原因。解题时思路不清晰？对知识点的理解不透彻？粗心大意？这些问题如果得不到及时解决，很容易形成学习中的"盲点"，影响后续的

学习效果。

DeepSeek 能够快速批改作业，精准分析试卷，帮助你从错误中学习，从问题中成长。

①作业批改：快速反馈，精准纠错

DeepSeek 可以帮助你快速批改作业，并提供详细的解析和改进建议。

> **高效提问公式：**   🔍
>
> "请批改我的作业，并提供解析和改进建议：题目是（题目内容），我的答案是（你的答案）。"

提问示例如表 3–5 所示。

 表 3–5　提问示例及批改结果

科目	提问示例	批改结果
语文	"请批改我的作业，并提供解析和改进建议。题目是：'请分析《背影》中父亲形象的特点'，我的答案是：'父亲是一个沉默寡言但深爱孩子的人'。"	你的答案基本正确，但可以更具体。建议补充文中具体的描写，比如"父亲穿过铁道为儿子买橘子的细节"，以增强分析的深度

续表

科目	提问示例	批改结果
数学	"请批改我的作业，并提供解析和改进建议。题目是：'解方程：$2x+5=15$'，我的答案是：'$x=10$。'"	你的答案有误。正确的解法是：$2x+5=15$ → $2x=10$ → $x=5$。建议注意方程的每一步运算，避免粗心错误
英语	"请批改我的作业，并提供解析和改进建议。题目是：'将以下句子改为被动语态：The teacher praised the student.' 我的答案是：'The student was praised by the teacher.'"	你的答案正确。被动语态的转换准确，继续保持

②试卷分析：查漏补缺，全面提升

DeepSeek 可以帮助你分析试卷，找出薄弱环节，并提供针对性的改进建议。

高效提问公式： 🔍

"请分析我的试卷，找出我的薄弱环节，并提供改进建议：我的错题是（错题内容）。"

提问示例如表 3-6 所示。

表 3-6　高效提问示例及薄弱环节分析

科目	错题提问	薄弱环节分析	改进建议
语文	未能准确分析作者的情感态度	对作者情感态度的分析能力不足	多练习阅读理解题，注重从文中细节（如人物语言、动作、环境描写）推断作者的情感
数学	未能正确应用勾股定理	几何知识的应用能力较弱	复习勾股定理的相关内容，并通过多做题强化应用能力
英语	未能正确理解上下文语境	对上下文语境的理解能力不足	多做完形填空练习，注重从整体上把握文章的逻辑关系

　　在复习阶段的练习，以及作业批改与试卷分析中，为了提高手写内容的识别准确率，可以采用"DeepSeek + 豆包"模式解决。先将手写作业或试卷拍照后，上传至豆包识别，转换成文本后，粘贴至 DeepSeek 输入框。

2. 错题整理

在学习的过程中，错题是宝贵的资源，它们不仅暴露了我们的知识盲点，还为我们提供了改进和提升的机会。然而，许多同学在整理错题时，往往只是简单地抄写正确答案，而忽略了错题背后的原因和解决方法。这种"治标不治本"的方式，难以从根本上解决问题，导致同样的错误反复出现。

DeepSeek 可以帮助你高效记录错题，深入分析错误原因，提供针对性的改进建议，并通过定期复习和强化练习，让你彻底攻克错题，避免重蹈覆辙。

怎样才能攻克错题呢？

①错题记录：高效整理，分类归档

在 DeepSeek 中打开"开启新对话"，点击"重命名"，输入"（学科）错题本"，这样你就做好一本 AI 错题本了。用同样的方法，你还可以做出很多自己想要的 AI 错题本。

整理错题时，找到相应名称的对话框，你就可以通过提问的方式，将错题记录在这个新对话框中。这样的 AI 错题本可以帮助你快速记录错题，并按照科目、知识点或错误类型进行分类归档。

高效提问公式：

"请帮我记录以下错题：（题目内容），我的错误答案是（你的答案），正确答案是（正确答案）。"

提问示例如表 3-7 所示。

表 3-7 提问示例及错题记录

科目	提问示例	错题记录
语文	"请帮我记录以下错题：'请分析《孔乙己》中孔乙己的性格特点。'我的错误答案是：'孔乙己是一个乐观开朗的人。'正确答案是：'孔乙己是一个迂腐、可怜但又不失善良的人。'"	题目："请分析《孔乙己》中孔乙己的性格特点。" 错误答案："孔乙己是一个乐观开朗的人。" 正确答案："孔乙己是一个迂腐、可怜但又不失善良的人。"
数学	"请帮我记录以下错题：'求函数 $f(x)=x^2-4x+3$ 的最小值。'我的错误答案是：'最小值为 0。'正确答案是：'最小值为 -1。'"	题目："求函数 $f(x)=x^2-4x+3$ 的最小值。" 错误答案："最小值为 0。" 正确答案："最小值为 -1。"

续表

科目	提问示例	错题记录
英语	"请帮我记录以下错题:'将以下句子改为间接引语:She said,'I will call you tomorrow.' 我的错误答案是:'She said she will call me tomorrow.' 正确答案是:'She said she would call me the next day.'"	题目:"将以下句子改为间接引语,She said,'I will call you tomorrow.'" 错误答案:"She said she will call me tomorrow." 正确答案:"She said she would call me the next day."

②错题分析:深入挖掘,找出根源

DeepSeek 可以帮助你分析错题背后的原因,并提供针对性的改进建议。

> **高效提问公式:** 🔍
>
> "请分析我在这道题上的错误原因,并提供改进建议:题目是(题目内容),我的错误答案是(你的答案),正确答案是(正确答案)。"

提问示例以及 DeepSeek 给出的结果如表 3-8 所示。

表 3-8　提问示例及错误原因分析

科目	题目	错误答案	正确答案	错误原因	改进建议
语文	"分析《孔乙己》中孔乙己的性格特点"	"孔乙己是一个乐观开朗的人"	"孔乙己是一个迂腐、可怜但又不失善良的人"	对人物性格的理解片面	重新阅读课文，重点关注孔乙己的言行举止（如"站着喝酒""满口之乎者也"）
数学	"求函数 $f(x)=x^2-4x+3$ 的最小值"	"最小值为 0"	"最小值为 −1"	未正确使用配方法或求导法	复习二次函数最小值求解方法，正确解法之一：$f(x)=(x-2)^2-1$
英语	"将句子改为间接引语：She said, 'I will call you tomorrow.'"	"she said, she will call you me tomorrow."	"She said she would call me the next day."	未正确转换时态和时间状语	复习间接引语规则，注意时态（will → would）和时间状语（tomorrow → the next day）

③错题复习：定期回顾，强化练习

　　DeepSeek 可以根据你的错题记录，定期生成复习计划和强化练习题，帮助你巩固知识，避免重复犯错。

高效提问公式：

"请根据我的错题记录，生成一份复习计划。"

"请根据我的错题记录，生成几道类似的练习题。"

第 3 节　学习规划与考试冲刺

1. 学习规划

学习是一场持久战，而科学的学习规划则是赢得这场战役的关键。通过合理的学习规划，你可以明确学习目标，分配学习时间，提高学习效率，从而在有限的时间内取得最大的进步。

DeepSeek 不仅能帮助你分析学习现状，还能根据你的目标和时间安排，制订个性化的学习计划，并通过定期反馈和调整，确保你的学习始终朝着正确的方向前进。

①学习现状分析：明确起点，找准方向

DeepSeek 可以帮助你分析当前的学习情况，找出优势和不足，为制订学习规划提供依据。

> **高效提问公式：**
>
> "请帮我分析当前的学习情况，找出我的优势和不足。"

"我在（科目）上的薄弱环节是什么？如何改进？"

示例："在四年级下学期的期中测试中，我的试卷错题情况大致是这样的：语文的基础知识和阅读理解部分失分较少，但作文发挥不理想，扣分较多；数学的填空题和选择题都没有错，但计算题和应用题都各错了一题；英语听力和阅读理解都不错，但在基础知识和写作中，都出现了语法错误。"

将以上内容输入 DeepSeek。

向 DeepSeek 提问："请帮我分析当前的学习情况，找出我的优势和不足。"DeepSeek 输出如表 3-9 所示。

表 3-9　个性学习情况分析

科目	优势	不足	改进建议
语文	基础知识和阅读理解部分表现较好。阅读理解得分较高，具备较强的文本分析能力	作文扣分较多，可能存在写作思路不清晰、语言表达不生动、内容偏离主题等问题	多阅读优秀范文，学习文章结构和情感表达。练习写作时注意审题，加入细节描写和修辞手法

续表

科目	优势	不足	改进建议
数学	填空题和选择题全对，基础概念和公式掌握扎实。基础题型表现稳定，计算能力较强	计算题和应用题各错一题，可能存在粗心大意或对题目理解不透彻的问题	养成检查习惯，避免粗心错误。多练习应用题，培养提取关键信息和建立数学模型的能力
英语	听力和阅读理解部分表现不错，具备较强的听力理解和阅读能力	基础知识和写作部分出现语法错误，可能存在语法规则掌握不扎实的问题	系统复习语法知识，强化对时态、语态和句子结构的理解。多练习写作，注重句子准确性和连贯性

②制定学习目标：明确方向，有的放矢

DeepSeek 可以帮助你根据学习现状，制定短期和长期的学习目标。

高效提问公式： 🔍

"请帮我制定一个（时间范围）的学习目标，重点是（科目／知识点）。"

示例：在以上期中测试成绩的基础上，针对英语的薄弱环节制定学习目标。

继续提问："请帮我制定一个月的学习目标，重点是学习并掌握英语语法。"

DeepSeek 的输出如下。

一个月学习目标

掌握英语语法。

总体目标

系统复习英语语法知识，重点掌握时态、语态、句子结构和主谓一致等核心语法点。

通过练习和实际应用，减少语法错误，提升写作和基础知识的准确性。

每周具体目标与计划

·············

加速成长需要一个明确的
以问题为导向的学习目标。

③分配学习时间：合理规划，高效利用

DeepSeek 可以帮助你根据学习目标和时间安排，制订详细的学习计划。

> **高效提问公式：** 🔍
>
> "请帮我制订一个（时间范围）的学习计划，重点是（科目/知识点），我每天有（小时数）的学习时间，如何分配才能高效完成目标？"

示例： 根据上述英语学习目标，制订英语学习计划。

提问： "请帮我制订一个月的学习计划，重点是学习与巩固英语语法，我每天有 2 小时的学习时间。"

DeepSeek 的输出如下。

周一至周五

英语：每天 30 分钟，学习一个语法点并完成相关练习。

周末

英语：完成一套语法综合练习题。

④定期反馈与调整：动态优化，持续进步

DeepSeek 可以帮助你定期检查学习进度，并根据实际情况调整学习计划。

高效提问公式：

"请帮我检查当前的学习进度，判定我是否需要调整学习计划？"

示例： 请 DeepSeek 出一套小学四年级英语语法测试题，完成测试后再请它批改，检查学习效果。

提问： "请根据我刚才测试的成绩，以及上周制订的学习计划（附件），判定我是否需要调整学习计划。"

DeepSeek 的反馈结果：

英语：语法掌握情况良好，但被动语态仍需加强。

调整建议

英语：增加被动语态的专项练习，每天额外练习 10 分钟。

2. 考试冲刺

考试是学习成果的集中检验，而考试冲刺阶段则是决定成败的关键时期。

然而，许多同学在考试冲刺阶段容易陷入"盲目刷题"或"焦虑慌乱"的状态，导致复习效率低下，甚至影响考试发挥。

在考试冲刺的过程中，DeepSeek 不仅能帮助你制订高效的冲刺计划，还能通过模拟考试、错题分析和重点强化，全面提升你的应试能力。

①制订冲刺计划：明确目标，有的放矢

DeepSeek 可以帮助你根据考试时间和内容，制订详细的

冲刺计划。

高效提问公式：

"距离（考试科目）考试还有（天数），请帮我制订一个冲刺复习计划。"

"我在（科目）上的薄弱环节是什么？如何在冲刺阶段改进？"

示例：

提问： "距离数学考试还有10天，请帮我制订一个冲刺复习计划。"

DeepSeek 的反馈结果：

冲刺计划

第 1~3 天：复习基础知识，重点巩固函数、方程和几何部分。

第 4~6 天：专项练习，完成函数和几何的专项题目。

第 7~8 天：模拟考试，完成两套数学模拟试卷。

第 9~10 天：错题回顾，重点分析模拟考试中的错题。

②模拟考试：实战演练，提升应试能力

DeepSeek 可以帮助你生成模拟考试题目，并进行实时批

改和解析。

示例:

提问: "请帮我生成一套(年级)数学模拟考试题目。"

DeepSeek 给出的模拟考试题目(略)。

提问: "请批改我的模拟考试答案,并提供解析和改进建议。"

批改结果:(略)。

继续提问: "请分析我在这道题上的错误原因,并提供改进建议。题目是(题目内容),我的错误答案是(你的答案),正确答案是(正确答案)。"

DeepSeek 的分析结果:(略)。

③重点强化:攻克难点,提升信心

DeepSeek 可以帮助你根据错题分析结果,生成重点强化练习题。

高效提问公式：

"请根据我的错题记录，生成几道类似的练习题。"

"我在（知识点）上容易出错，请帮我生成几道强化练习题。"

第 4 章

语文实战

作为中小学阶段的三大主科之一，语文不仅是学业成绩的核心组成部分，更是培养逻辑思维、语言表达和文化素养的重要基础。

AI 学习助手　给青少年的 DeepSeek 快速入门指南

亲爱的同学，你也感受到学好语文的挑战了吗？别着急，DeepSeek 也是一位合格的私人语文老师呢！

许多同学在语文学习中常常遇到困难，比如：生字词记忆困难，课文背诵枯燥，阅读理解抓不住重点，作文写作缺乏思路，古诗词和古文难以理解，等等。

从基础的字词学习到高阶的名著阅读，从阅读理解分析、作文指导到古诗词解析，DeepSeek 将全面优化你的语文学习，提升你的语文能力。

接下来，我们就以语文四年级下册的一篇课文《猫》为例，开启 DeepSeek 提升语文学习能力的实战练习。

第1节 生字词学习与课文背诵

DeepSeek 可以帮助你轻松掌握生字词，并助你高效背诵课文。

1. 生字词学习

不论是预习阶段、做作业阶段、复习阶段，还是考试冲刺阶段，只要你需要学习生字词，你都可以使用以下方法请 DeepSeek 来帮忙。

打开语文课本第 49 页，用手机拍照田字格中的生字后，在照片中提取文字，复制到 DeepSeek 的输入框，然后输入下列你想要的指令。

高效提问公式：

"以上生字，请帮我（关键词）。"

关键词： 释义、组词、注音、造句、近义词、反义词、搭配……

提问示例： "以上生字，请帮我注音、组词、释义。"

输出示例： 如图 4-1 所示。

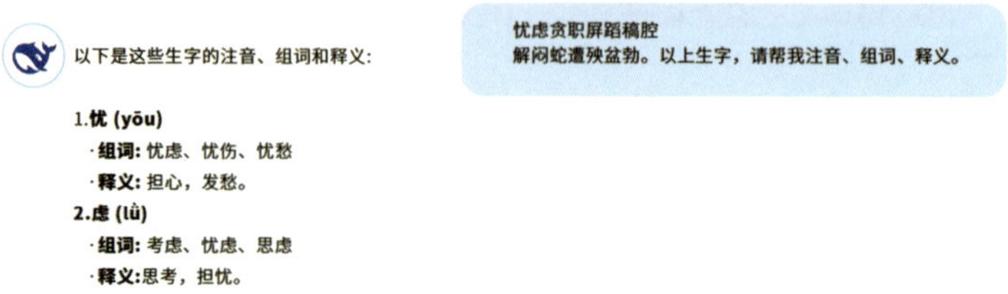

图 4-1 DeepSeek 输出的生字注音、组词和释义

你可以继续提问："请帮我解释'屏息'的意思，并举例说明用法。"DeepSeek 的回答如图 4-2 所示。

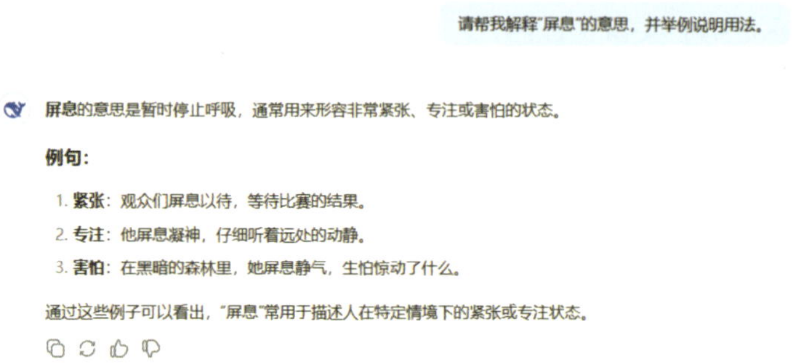

图 4-2 DeepSeek 解释的"屏息"

通过多个或单个生词的提问，以及对生成结果的不断追问，DeepSeek 能够帮助你逐步深入理解每个生字的含义、用法和相关语境。例如，当遇到"屏息"这个词时，你可以先询问其基本意思，然后通过追问了解其在不同语境中的具体用法。

DeepSeek 不仅能提供详细的解释和例句，还能根据你的需求生成相关的练习题或拓展知识，帮助你巩固学习成果。

2. 背诵课文

对于需要背诵的课文，DeepSeek 可以提供多方面的帮助，让背诵过程更加高效和有趣。

打开语文课本第 48、49 页，用手机拍照课文，在照片中提取文字，复制到 Word 文档，保存文件名为《猫》。打开 DeepSeek 的附件按钮，上传文件《猫》，然后输入下列你想要的指令。

高效提问公式： 🔍

"请帮我生成附件中课文的（关键词）。"

关键词： 背诵提纲、记忆技巧、填空练习、分段背诵建议……

提问示例： "请帮我生成附件中课文的背诵提纲或记忆技巧。"

输出示例： 如图 4–3 所示。

猫.docx
DOCX 11.06KB

请帮我生成附件中课文的背诵提纲或记忆技巧。

❤ 背诵提纲：

   1. **猫的性格特点：**

     ◦ 猫的性格古怪，既老实又贪玩，既温柔可亲又冷漠。

     ◦ 猫在高兴时会表现出温柔可亲的一面，如蹭腿、抓痒、在稿纸上踩印小梅花。

图 4–3　DeepSeek 输出的关于课文《猫》的背诵提纲（部分内容）

第 2 节　阅读理解与古文解析

DeepSeek 可以帮助你分析课文内容，提炼重点，并提供详细的解析。我们继续以课文《猫》为例。

1. 解析文章主旨

高效提问公式：

"请帮我分析（课文）的（关键词）。"

关键词：主旨、中心思想、作者意图、核心观点、详细解析、重点内容……

提问示例："请介绍一下《猫》这篇课文的作者情况、写作背景，以及表达了作者怎样的感情。"

输出示例：如图 4-4 所示。

2. 分析段落结构

将要分析的段落输入 DeepSeek 后，接着输入以下指令。

请介绍一下《猫》这篇课文作者情况、写作背景，以及表达了作者怎样的感情。

作者介绍

《猫》这篇课文的作者是老舍（1899—1966年），原名舒庆春，字舍予，是中国现代著名的小说家、剧作家和散文家。老舍的作品以描写北京市民生活和风俗见长，语言幽默、生动，富有地方色彩。他的代表作包括小说《骆驼祥子》、《四世同堂》和话剧《茶馆》等。

写作背景

《猫》是老舍的一篇散文，写于20世纪30年代。当时老舍居住在北京，家中养了一只猫。通过对猫的观察和描写，老舍表达了对猫的喜爱和对生活的感情。这篇散文不仅展现了猫的可爱和古怪，也反映了老舍对生活的细腻观察和深刻理解。

表达的感情

在《猫》这篇课文中，老舍通过对猫的描写，表达了对猫的深厚感情和对生活的热爱。具体表现在以下个方面：

图 4-4　DeepSeek 输出的《猫》的作者情况、写作背景及表达的感情

高效提问公式：

"请分析这一段落的（关键词）。"

关键词： 主旨、层次、结构、作用……

提问示例： "请分析这一段落的层次结构。"

输出示例： 如图 4-5 所示。

说它老实吧，它的确有时候很乖。它会找个暖和的地方，成天睡大觉，无忧无虑，什么事也不过问。可是，它决定要出去玩玩，就会走一天一夜，任凭谁怎么呼唤，它也不肯回来。说它贪玩吧，的确是呀，要不怎么会一天一夜不回家呢？可是，它听到老鼠的一点儿响动，又是多么尽职，它屏息凝视，一连就是几个钟头，非把老鼠等出来不可！请分析这一段落的层次结构。

这一段落的层次结构非常清晰，通过对比和转折的手法，逐步展现了猫的性格特点。以下是详细的层次结构分析：

第一层：猫的老实

· **内容：** 描述猫老实的一面。

　"说它老实吧，它的确有时候很乖。"

　"它会找个暖和的地方，成天睡大觉，无忧无虑，什么事也不过问。"

· **分析：** 通过具体的动作描写，展现了猫的温顺和安静。

第二层：猫的贪玩

······

图 4-5　DeepSeek 输出的对《猫》的层次结构的分析

3. 理解修辞手法

将要分析的全文、段落或句子输入 DeepSeek 后，接着输入以下指令。

> **高效提问公式：** 🔍
>
> "以上文字中，都用到了哪些修辞手法？哪一句用到了（关键词）修辞手法？"

关键词：拟人、比喻、排比、对比、夸张、反复……

提问示例： "《猫》这篇课文都用到了哪些修辞手法？分别是哪一句？"

输出示例：如图 4-6 所示。

《猫》这篇课文都用到了哪些修辞手法？分别是哪一句？

❤ 《猫》这篇课文运用了多种修辞手法，使描写更加生动形象。以下是课文中使用的主要修辞手法及对应的句子：

1. 拟人

- **定义：**将非人类的事物赋予人的特征或行为。
- **例句：**
  ○ "它要是高兴，能比谁都温柔可亲：用身子蹭你的腿，把脖子伸出来让你给它抓痒，或是在你写作的时候，跳上桌来，在稿纸上踩印几朵小梅花。"
  ○ "它还会丰富多腔地叫唤，长短不同，粗细各异，变化多端。"

图 4-6　DeepSeek 输出的《猫》的修辞手法

 **小贴士**

无论是课内的经典篇目，还是课外的文学作品，DeepSeek
都能帮你进行详细的内容解析、主旨提炼、段落结构分析以及
修辞手法的识别。

无论是提升对课文的理解，还是深入挖掘名著的内涵，
DeepSeek 都能成为你阅读路上的得力助手，让阅读变得更加高
效、深入和有趣。

4. 古文和古诗词

DeepSeek 可以帮助你解析古文和古诗词，理解其意境和
文化背景。下面以学习《墨梅》为例。

①查找文学常识

高效提问公式： 🔍

"请介绍以上作品的（关键词）。"

关键词： 作者、诗人风格、代表作品、创作背景、艺术特色、文学价值……

提问示例： "请介绍这首诗的艺术特色和文学价值。"

输出示例： 如图 4-7 所示。

> 墨梅
> [元]王冕
>
> 我家洗砚池头树，朵朵花开淡墨痕。不要人夸好颜色，只留清气满乾坤。
>
> 请介绍这首诗的艺术特色和文学价值。

❤ 《墨梅》是元代诗人王冕的一首著名诗作，通过描写墨梅的形象，表达了诗人高洁的品格和不随流俗的精神。以下是这首诗的艺术特色和文学价值分析：

艺术特色

　　1. 意象鲜明： ⌄

图 4-7　DeepSeek 输出的《墨梅》的艺术特色和文学价值

②翻译难词难句

高效提问公式： 🔍

"请翻译（关键词），解释（关键词）。"

关键词： 字的意思、词的意思、句子的意思……

提问示例： "请翻译这首诗的后两句，重点解释'清气'的含义。"

输出示例： 如图 4-8 所示。

请翻译这首诗的后两句，重点解释"清气"的含义。

《墨梅》的后两句是：

"不要人夸好颜色，只留清气满乾坤。"

翻译

- **不要人夸好颜色**：不需要别人夸赞它的美丽颜色。
- **只留清气满乾坤**：只愿留下清新的香气充满天地间。

"清气"的含义

- **字面意思**：清新的香气，指的是墨梅散发出的淡雅香气。
- **象征意义**：
  - **高洁的品格**：清气象征着高洁、纯净的品格。诗人通过墨梅的清气，表达了自己不慕虚荣、坚持高洁的精神追求。

图 4-8　DeepSeek 输出的《墨梅》中"清气"的含义

③解析古文语法

高效提问公式： 🔍

"请解析 / 分析（关键词）。"

关键词： 意境、主题思想、句子的语法、段落的语法……

提问示例： "请分析《墨梅》这首诗的主要语法。"

输出示例： 如图 4-9 所示。

请分析《墨梅》这首诗的主要语法。

《墨梅》是元代诗人王冕的一首著名诗作，语言简练，意境深远。以下是对这首诗的主要语法分析：

全诗

> 复制
>
> 我家洗砚池头树，朵朵花开淡墨痕。
> 不要人夸好颜色，只留清气满乾坤。

逐句语法分析

1. **我家洗砚池头树**
   - **主语：** 我家
   - **谓语：** 洗砚池头树   ⌄

图 4-9 DeepSeek 输出的《墨梅》的主要语法

第 3 节 写作指导与阅读建议

DeepSeek 可以给你提供作文写作思路，并给出改进建议。

这里参考一篇语文四年级下册的习作例文《七月的天山》。

1. 作文构思：拓展思路，搭建框架

DeepSeek 可以帮助你拓展写作思路，提供文章的结构框架和内容建议，让你的作文构思更加清晰。

高效提问公式：

"请帮我提供一篇关于（主题）的作文的（关键词）。"

关键词： 写作思路、写作提纲……

提问示例： "请参考《七月的天山》，帮我提供一篇关于'游西湖'的作文写作思路。"

输出示例： 如图 4–10 所示。

七月的天山.docx
DOCX 11.48KB

请参考《七月的天山》，帮我提供一篇关于"游西湖"的作文写作思路。

❤ 游西湖：作文写作思路

参考《七月的天山》的写作风格，以下是关于"游西湖"的作文写作思路，帮助你构建一篇生动、细腻的游记作文。

1. 开头：引入西湖之美

- 内容：简要介绍西湖的独特魅力，点明游览西湖的理想时节。
- 示例：
  - "杭州的西湖，自古以来就是文人墨客笔下的仙境。七月的西湖，荷花盛开，湖水清澈，正是游览的最佳时节。"

        ⌄

图 4-10　DeepSeek 输出的参考《七月的天山》的关于"游西湖"

的作文写作思路

我来帮你！

怎么才能写出这么优美的文章呢？

2. 写作提示：提供素材，丰富内容

DeepSeek 可以根据作文主题，提供相关的素材和例子，帮助你丰富文章内容，让作文更加充实。

高效提问公式：

"有哪些（关键词）可以用在关于（主题）的作文中？"

关键词： 故事、名言、例子……

提问示例： "有哪些名言可以用在'游西湖'的作文中？"

输出示例： 如图 4-11 所示。

有哪些名言可以用在'游西湖'的作文中？

在"游西湖"的作文中，引用一些与西湖相关的名言或诗句，可以为文章增添文化底蕴和诗意。以下是一些适合引用的名言和诗句：

1. 描写西湖美景的名言

- 苏轼《饮湖上初晴后雨》：
  - "水光潋滟晴方好，山色空蒙雨亦奇。"
  - 适用场景：描写西湖的湖光山色，无论是晴天还是雨天，西湖都有独特的美。
- 杨万里《晓出净慈寺送林子方》：
  - "毕竟西湖六月中，风光不与四时同。"
  - 适用场景：突出西湖在六月（或七月）的独特风光，适合用在开头或结尾。
- 白居易《钱塘湖春行》：

图 4-11　DeepSeek 输出的可用于"游西湖"作文中的名言

3. 语言润色：提升表达，增强效果

DeepSeek 可以帮助你修改句子，运用修辞手法，提升文章的语言表达效果。

高效提问公式：

"请帮我（关键词），使其更加生动：（句子内容）。"

关键词：修改句子、加入修辞手法、重新分段、控制字数……

提问示例："请帮我修改以下句子，使其更加生动：湖边的柳树很长，风吹过来，柳枝摇来摇去，好像在跳舞。"

输出示例：如图 4-12 所示。

请帮我修改以下句子，使其更加生动：湖边的柳树很长，风吹过来，柳枝摇来摇去，好像在跳舞。

修改后的句子：

"湖边的柳树垂下长长的枝条，微风吹过，柳枝轻轻摇曳，仿佛在跳着优雅的舞蹈。"

这样修改后，句子更加生动形象，增加了细节描写和修辞手法，让读者更能感受到柳树的动态美。如果需要进一步调整，请告诉我！

图 4-12　DeepSeek 输出的修改后的句子

4. 美文仿写：学习经典，提升文采

DeepSeek 可以帮助你分析经典美文的写作技巧，并提供仿写建议，帮助你提升文采。

> **高效提问公式：**
>
> "请根据以下句子 / 段落的（关键词），提供仿写建议:（句子内容）。"

关键词： 描写手法、修辞手法、写作技巧、语句结构、写作风格……

提问示例： "请根据以下句子的语句结构，提供仿写建议:马走在花海中，显得格外矫健；人浮在花海上，显得格外精神。"

输出示例： 如图 4-13 所示。

请根据以下句子的语句结构，提供仿写建议:马走在花海中，显得格外矫健；人浮在花海上，显得格外精神。

仿写建议:

原句的语句结构为："A在B中，显得格外C；D在E上，显得格外F。"这种结构通过对比和并列，突出了两个主体在不同环境中的状态。以下是仿写示例。

1. 自然景色类

- 原句:马走在花海中，显得格外矫健；人浮在花海上，显得格外精神。
- 仿写:
  - "船行在湖面上，显得格外轻盈；鸟飞在天空中，显得格外自由。"

图 4-13　DeepSeek 输出的句子仿写

5. 阅读书目建议与名著内容提要

DeepSeek 可以帮助你选择适合的阅读书目，并提供名著的内容提要和分析。

高效提问公式:

"请推荐几本适合（年龄段）阅读的经典文学作品。"

"请帮我提供（名著）的内容提要和主题分析。"

提问示例： "请推荐几本适合小学五年级学生阅读的经典文学作品。"

输出示例： 如图 4-14 所示。

请推荐几本适合小学五年级学生阅读的经典文学作品。

以下是几本适合小学五年级学生阅读的经典文学作品，这些书籍内容丰富、语言生动，能够激发孩子的阅读兴趣，同时提升他们的文学素养和思维能力。

1.《小王子》- 安东尼·德·圣·埃克苏佩里

- **推荐理由：**这是一部充满哲理的童话，通过小王子与各种角色的对话，探讨了爱、责任、孤独等深刻主题。语言简洁优美，适合五年级学生阅读。
- **适合场景：**适合培养孩子的思考能力和情感认知。

2.《夏洛的网》- E.B.怀特

- **推荐理由：**讲述了一只小猪和一只蜘蛛之间的感人故事，充满了友谊、勇气和爱的主题。语言生动，情节温馨，适合孩子阅读。

图 4-14　DeepSeek 输出的适合小学五年级阅读的经典文学作品

无论是阅读理解、作文写作还是基础知识，DeepSeek 都能为你量身定制学习方案，帮助你全面提升语文能力。

错题分析。通过分析你的错题，DeepSeek 能够帮你找出语文学习中的薄弱环节。比如，识别你在阅读理解、作文写作或基础知识方面的不足，并提供针对性的练习和改进建议。

学习效果检测。通过生成测试题或模拟考试题，DeepSeek 可以检测你对语文知识的掌握情况，并能根据测试结果，识别你在哪些知识点上存在不足，并提供相应的复习资料和练习题。

作文批改与反馈。通过批改你的作文，DeepSeek 能帮你找出写作中的薄弱环节，从而能识别你在写作结构、语言表达或内容深度方面的不足，并提供改进建议。

知识点专项练习。DeepSeek 可以根据你语文基础知识的薄弱环节，生成针对性的专项练习题。专项练习题可帮助你提升在特定知识点上的能力，弥补学习中的短板。

学习进度跟踪。通过进度跟踪，DeepSeek 能为你制订个性化的学习计划，确保你有的放矢地提升语文学习能力。

以上 5 个方面个性化提升语文能力的 DeepSeek 应用，请参考第 3 章"助力高效学习"中的具体介绍。

家长加油站

在语文学习过程中，家长可以通过 DeepSeek 的帮助，更好地支持孩子的学习。以下是家长利用 DeepSeek 的具体方法和建议。

①帮助孩子制订学习计划

DeepSeek 可以根据孩子的学习情况，帮助家长制订合理的学习计划，确保孩子的学习有条不紊。

提问示例："请帮我为孩子制订一个月的语文学习计划，重点是阅读理解和作文写作。"

输出示例：略。

助力家长：根据 DeepSeek 的建议，帮助孩子合理安排学习时间，并监督其学习进度。

②提供学习资源和练习题

DeepSeek 可以根据孩子的学习需求，生成针对性的学习资源和练习题。

提问示例："请生成几道关于'比喻'修辞手法的练习题。"

输出示例：略。

助力家长：利用 DeepSeek 生成的练习题，帮助孩子巩固知识点，提升语文学习能力。

③批改作业和作文

DeepSeek 可以批改孩子的作业和作文，并提供详细的解析和改进建议。

提问示例："请批改孩子的作文，并提供解析和改进建议。"

批改结果：略。

助力家长：根据 DeepSeek 的批改结果，帮助孩子改进作文，提升写作水平。

④分析错题和薄弱环节

DeepSeek 可以通过分析孩子的错题，找出学习中的薄弱环节，并提供针对性的改进建议。

提问示例："请分析孩子在这道题上的错误原因，并提供改进建议。"

分析结果：略。

助力家长：根据 DeepSeek 的分析结果，帮助孩子针对薄弱环节进行复习和练习。

⑤提供阅读推荐和学习技巧

DeepSeek 可以根据孩子的阅读水平和兴趣，推荐适合的阅读材料，并提供学习技巧。

提问示例："请推荐几本适合小学五年级学生阅读的经典文学作品。"

推荐书目： 略。

技巧总结： 抓住主旨，快速浏览文章的开头和结尾，找出文章的中心思想；关注关键词，注意文章中的关键词和重复出现的词语，这些往往是文章的重点。

助力家长： 根据 DeepSeek 的推荐，为孩子选择合适的阅读材料，并帮助孩子掌握学习技巧。

通过 DeepSeek 的语文学习功能，你可以从基础的字词学习到高阶的名著阅读，全面提升语文能力。这不仅可以帮助你提高语文成绩，还能让你在语文学习过程中感受到文化的魅力和思维的乐趣。

接下来，我们将继续探讨 DeepSeek 在数学、英语等学科中的应用，帮助大家全面提升学习能力！

第 **5** 章

数学实战

数学学习在中小学阶段至关重要,它不仅是培养学生逻辑思维和解决问题能力的基础,也是其未来学习科学、工程、经济等学科的关键工具。

AI 学习助手 给青少年的 DeepSeek 快速入门指南

DeepSeek 将是你的最强"外挂大脑",能够全面提升你的数学能力。

数学学习充满挑战,许多学生在理解抽象概念、掌握复杂公式和应用解题技巧时感到困难,尤其是在几何、代数和应用题方面容易遇到瓶颈。

DeepSeek 能够为中小学生提供全方位的帮助:通过清晰的概念解析和丰富的示例,帮助学生理解抽象的数学知识;通过详细的题目解析和多种解题思路,提升学生的解题能力;通过错题分析和个性化改进建议,帮助学生攻克薄弱环节;通过生成针对性的练习题和模拟考试,帮助学生巩固知识点并检测其学习效果。

下面就来了解一下 DeepSeek 在数学学习中的具体应用吧。

第1节　概念与公式解析

DeepSeek 可以帮助学生理解数学概念和公式，提供详细的解释和示例。

高效提问公式：

"请解释（数学名词）的定义，并举例说明。"

"（概念）的核心要点是什么？有哪些常见的易错点需要注意？"

"请推导（公式），并解释每一步的含义。"

1. 提问示例："请解释二次函数的定义，并举例说明。"

解释结果：

定义：二次函数是形如 $f(x)=ax^2+bx+c$ 的函数，其中 $a \neq 0$。

示例：$f(x)=2x^2+3x+1$ 是一个二次函数。

继续提问："二次函数的核心要点是什么？有哪些常见的易错点需要注意？"

输出示例：以下是关于二次函数的核心要点和常见易错点的列表总结，如表 5-1、表 5-2 所示。

 表 5-1　二次函数的核心要点

要点	具体内容
定义与一般形式	形如 $f(x)=ax^2+bx+c$，其中 $a \neq 0$
图像与性质	－ 图像为抛物线 － 顶点坐标：$\left[-\dfrac{b}{2a},f\left(-\dfrac{b}{2a}\right)\right]$ － 对称轴 $x=-\dfrac{b}{2a}$ － 最值：$a>0$ 时，顶点为最小值；$a<0$ 时，顶点为最大值
根与判别式	－ 根的求解公式：$x=\dfrac{-b\pm\sqrt{b^2-4ac}}{2a}$ － 判别式 $\Delta=b^2-4ac$： － $\Delta>0$：两个不同实数根 － $\Delta=0$：一个实数根（重根） － $\Delta<0$：无实数根

 表 5-2　常见的易错点

易错点	具体表现	注意事项
忽略 $a \neq 0$ 的条件	忘记 $a \neq 0$ 的条件,误将一次函数或常数函数当作二次函数	二次函数必须满足 $a \neq 0$,否则不是二次函数
混淆顶点坐标公式	将顶点横坐标公式 $x = -\dfrac{b}{2a}$ 误记为 $x = \dfrac{b}{2a}$	顶点横坐标公式中的负号不能遗漏
求根时忽略判别式	在求解二次方程时,忽略判别式 Δ 的判断,直接使用求根公式	在使用求根公式前,应先计算判别式,判断根的情况
混淆最值与顶点	将顶点的纵坐标误认为函数的是值,忽略 a 的符号	$-a > 0$ 时,顶点是最小值点 $-a < 0$ 时,顶点是最大值点

续表

易错点	具体表现	注意事项
忽略图像的对称性	在画抛物线时，忽略对称轴的作用，导致图像不对称	抛物线关于对称轴对称，画图时应先确定对称轴

2. 提问示例："请推导勾股定理，并解释每一步的含义。"

推导结果：

步骤 1：在直角三角形中，设两条直角边为 a 和 b、斜边为 c。

步骤 2：根据面积关系，可以得出 $a^2+b^2=c^2$。

解释：勾股定理描述了直角三角形三边之间的关系，是几何学中的重要定理。

第 2 节　题目解析与解题思路

DeepSeek 可以帮助学生分析数学题目，提供详细的解题思路和步骤。

1. 分步解析题目

DeepSeek 能够将复杂题目分解为简单步骤，逐步讲解，帮助学生理解解题过程。下面以拍照上传一道六年级应用题为例，如图 5-1 所示。

图 5-1　某道六年级应用题

高效提问公式：

"请帮我解析以下题目：（题目内容）。"

"这道题的解题思路是什么？有哪些关键步骤？"

提问示例： "识别附件中的题目，请帮我解析这道应用题。"

解析结果： 如图 5-2 所示。

☛ 这道题目是关于分数应用的问题。我们可以通过设未知数并建立方程来解决它。

题目解析：

1. **设未知数：**
   ○ 设这条路的总长度为 x 米。

2. **第一天修路：**
   ○ 假设第一天修了全长的 $\frac{1}{4}$ 多 30 米，那么第一天修的长度为 $\frac{1}{4}x + 30$ 米。

3. **第二天修路：**
   ○ 假设第二天修了余下的 $\frac{1}{3}$ 少 30 米，那么第二天修的长度为 $\frac{1}{3}\left(x - \left(\frac{1}{4}x + 30\right)\right) - 30$ 米。

4. **剩余长度：**
   ○ 根据题目，修了两天后还剩 480 米。

5. **建立方程：**
   ○ 总长度减去第一天和第二天修的长度等于剩余长度。
   ○ 方程为：

$$x - \left(\frac{1}{4}x + 30\right) - \left\{\frac{1}{3}\left[x - \left(\frac{1}{4}x + 30\right)\right] - 30\right\} = 480$$

6. **解方程：**

　　○ 首先计算第二天修的长度：

$$\frac{1}{3}\left[x - \left(\frac{1}{4}x + 30\right)\right] - 30 = \frac{1}{3}\left(\frac{3}{4}x - 30\right) - 30 = \frac{1}{4}x - 10 - 30 = \frac{1}{4}x - 40$$

　　○ 将第二天修的长度代入方程：

$$x - \left(\frac{1}{4}x + 30\right) - \left(\frac{1}{4}x - 40\right) = 480$$

　　○ 合并同类项：

$$x - \frac{1}{4}x - 30 - \frac{1}{4}x + 40 = 480$$

$$\frac{1}{2}x + 10 = 480$$

　　○ 解方程：

$$\frac{1}{2}x = 470$$

$$x = 940$$

最终答案：

这条路的总长度是 940 米。

图 5-2　解析过程与结果

2. 提供多种解题方法

　　DeepSeek 能够提供不同的解题方法，拓宽学生的思路，帮助他们找到最适合自己的解题方式。

高效提问公式： 🔍

"这道题有哪些不同的解题方法？"

继续提问示例："请用另一种方法解析以下题目：（题目内容）。"

解析结果： 如图 5–3 所示。

❤ 这道题目可以通过不同的方法来解决。以下是另一种解法，使用逆向思维来简化计算过程。

方法二：逆向思维法

步骤1：设未知数

- 设这条路的总长度为 x 米。

步骤2：分析剩余部分

- 根据题目，修了两天后还剩 480 米。
- 我们可以从剩余部分出发，逆向推导出总长度。

步骤3：第二天修路

- 第二天修了余下的 $\frac{1}{3}$ 少 30 米。
- 设第二天修路前的剩余长度为 y 米。
- 第二天修的长度为 $\frac{1}{3}y - 30$ 米。

- 修完后剩余 480 米，因此：

$$y - \left(\frac{1}{3}y - 30\right) = 480$$

化简得：

$$\frac{2}{3}y + 30 = 480$$

解得：

$$\frac{2}{3}y = 450 \Rightarrow y = 675 \text{ 米}$$

步骤4：第一天修路

- 第一天修了全长的 $\frac{1}{4}$ 多 30 米。
- 设总长度为 x 米。
- 第一天修的长度为 $\frac{1}{4}x + 30$ 米。
- 修完第一天后，剩余长度为 $x - \left(\frac{1}{4}x + 30\right) = \frac{3}{4}x - 30$ 米。
- 根据步骤3，第二天修路前的剩余长度为 675 米，因此：

$$\frac{3}{4}x - 30 = 675$$

解得：

$$\frac{3}{4}x = 705 \Rightarrow x = 940 \text{ 米}$$

最终答案：

这条路的总长度是 940 米。

方法三：分步计算法

步骤1：设未知数

- 设这条路的总长度为 x 米。

......

图 5-3　其他解题方法

3. 分析题目中的关键点

DeepSeek 能够分析题目中的关键点，帮助学生理解题目的核心要求。

高效提问公式： 🔍

"这道题的关键点是什么？"

继续提问示例： "在解这道题时，需要注意哪些关键步骤？"

关键点总结

- **理解题意：** 明确每一天修路的比例和长度变化。

- **设未知数：** 设总长度为 x 米，便于建立方程。

- **建立方程：** 根据修路过程和剩余长度，建立正确的方程。

- **解方程：** 通过解方程求出总长度。

4. 提供解题技巧与策略

DeepSeek 能够提供解题技巧和策略，帮助学生提高解题效率。

> **高效提问公式：** 🔍
>
> "解这类题目有哪些技巧？"

继续提问示例：　"解这类题目有哪些技巧？"

具体技巧

• **画图辅助：** 通过画图帮助学生理解题意，明确每一步的修路过程。

• **逆向思维：** 从剩余长度出发，逆向推导出总长度。

• **分步计算：** 将复杂的修路过程分解为多个简单步骤，逐步计算。

5. 相似题型巩固

> **高效提问公式：** 🔍
>
> "请出 2 道相似题。"

继续提问示例：　"请出 2 道相似题。"

输出示例：

题目 1：工人修一条路，第一天修了全长的 1/5 多 20 米，第二天修了余下的 1/4 少 10 米，还剩 600 米。这条路有多少米？

题目 2：工人修一条路，第一天修了全长的 1/3 多 50 米，第二天修了余下的 1/2 少 20 米，还剩 400 米。这条路有多少米？

6. 进阶题型提高

高效提问公式：

"请出 2 道难度更大的进阶题。"

继续提问示例： "请出 2 道难度更大的进阶题。"

输出示例：

题目 1：工人修一条路，第一天修了全长的 1/4 多 20 米，第二天修了余下的 1/3 少 10 米，第三天修了余下的 1/2 多 30 米，还剩 300 米。这条路有多少米？

题目 2：工人修一条路，第一天修了全长的 1/5 多 30 米，第二天修了余下的 1/4 少 20 米，第三天修了余下的 1/3 多 10 米，还剩 500 米。这条路有多少米？

第 3 节　错题分析与改进建议

DeepSeek 可以通过分析学生的错题，找出学生学习中的薄弱环节，并提供改进建议。下面以上传的一道错题为例，如图 5-4 所示。

甲的 $\frac{3}{4}$ 是乙的 $\frac{1}{3}$，

甲比乙少 $\frac{(1)}{(4)}$

图 5-4　一道错题

1. 错题分析

高效提问公式： 🔍

"请分析我在这道题上的错误原因，并提供改进建议：题目是（题目内容），我的答案是（你的答案）。"

提问示例： "识别图片中的题目，请分析我在这道题上的错误原因，并提供改进建议。"

分析过程与结果如图 5-5 所示。

根据图片内容，题目是：

题目：
甲的 $\frac{3}{4}$ 是乙的 $\frac{1}{3}$，甲比乙少 $\frac{1}{4}$。

错误原因分析：

1. **理解题意错误：**
   - 题目中"甲的 $\frac{3}{4}$ 是乙的 $\frac{1}{3}$"意味着 $\frac{3}{4}$ 甲 $= \frac{1}{3}$ 乙。
   - 你可能误解了这句话的含义，导致后续计算错误。
2. **计算错误：**
   - 你可能在计算甲和乙的关系时，忽略了分数的运算规则，导致结果错误。
3. **逻辑推理错误：**
   - 你可能在推导甲比乙少多少时，没有正确建立方程，导致结论错误。

改进建议：

1. 正确理解题意

- 题目中"甲的 $\frac{3}{4}$ 是乙的 $\frac{1}{3}$"可以转化为方程：

$$\frac{3}{4}\text{甲} = \frac{1}{3}\text{乙}$$

- 通过这个方程，可以求出甲和乙的关系。

2. 设未知数并建立方程

- 设甲的值为 A，乙的值为 B。
- 根据题意，建立方程：

$$\frac{3}{4}A = \frac{1}{3}B$$

- 解这个方程，求出 A 和 B 的关系。

3. 计算甲比乙少多少

- 通过方程 $\frac{3}{4}A = \frac{1}{3}B$，可以解得：

$$A = \frac{4}{9}B$$

- 这意味着甲是乙的 $\frac{4}{9}$，即甲比乙少 $1 - \frac{4}{9} = \frac{5}{9}$。

4. 检查题目描述

- 题目中"甲比乙少 $\frac{1}{4}$"可能有误，因为根据计算，甲比乙少 $\frac{5}{9}$。

图 5-5　DeepSeek 的分析过程与结果

2. 生成练习题

> **高效提问公式：** 🔍
>
> "以上错题涉及什么知识点？"
>
> "请根据这个知识点生成几道练习题。"

继续提问示例： "以上错题涉及什么知识点？"

分析结果： 如图 5-6 所示。

❤ 这道错题涉及以下数学知识点：

---

1. 分数的运算

- **知识点**：分数的乘法、除法以及分数的比较。
- **应用**：题目中涉及 $\frac{3}{4}$ 甲 $= \frac{1}{3}$ 乙，需要通过分数的运算来求解甲和乙的关系。

2. 方程建立与求解

- **知识点**：根据题意建立方程，并通过解方程求出未知数的值。
- **应用**：根据"甲的 $\frac{3}{4}$ 是乙的 $\frac{1}{3}$"，建立方程 $\frac{3}{4}A = \frac{1}{3}B$，并求解 A 和 B 的关系。

3. 比例与比较

- **知识点：** 比例关系的理解和比较。
- **应用：** 通过方程 $\frac{3}{4}A = \frac{1}{3}B$，推导出甲和乙的比例关系，进而比较甲比乙少多少。

4. 逻辑推理

- **知识点：** 通过已知条件进行逻辑推理，得出结论。
- **应用：** 根据甲和乙的比例关系，推导出甲比乙少 $\frac{5}{9}$，而不是题目中给出的 $\frac{1}{4}$。

图 5-6　DeepSeek 给出的答案

继续提问示例： "请根据这个知识点生成 2 道练习题。"

输出练习题：

甲的 $\frac{3}{7}$ 是乙的 $\frac{2}{5}$，甲比乙多多少？

甲的 $\frac{2}{5}$ 是乙的 $\frac{1}{3}$，甲比乙少多少？

3. 生成个性化复习计划

高效提问公式：

"根据以上错题生成个性化复习计划。"

继续提问示例：<u>"请识别图片中的这道错题，并制订个性化的复习计划。"</u>

输出示例：如图 5-7 所示。

根据图片内容，题目是：

题目：
甲的 $\frac{3}{4}$ 是乙的 $\frac{1}{3}$，甲比乙少 $\frac{1}{4}$。

错题分析：

1. **理解题意错误：**
   - 题目中"甲的 $\frac{3}{4}$ 是乙的 $\frac{1}{3}$"意味着 $\frac{3}{4}$ 甲 $= \frac{1}{3}$ 乙。
   - 你可能误解了这句话的含义，导致后续计算错误。

2. **计算错误：**
   - 你可能在计算甲和乙的关系时，忽略了分数的运算规则，导致结果错误。

3. **逻辑推理错误：**
   - 你可能在推导甲比乙少多少时，没有正确建立方程，导致结论错误。

个性化复习计划：

1. 复习分数的运算
- **目标：**掌握分数的乘法、除法以及分数的比较。
- **计划：**
  - 复习分数的基本运算规则。
  - 完成10道分数运算练习题。

2. 复习方程建立与求解
- **目标：**学会根据题意建立方程，并通过解方程求出未知数的值。
- **计划：**
  - 复习一元一次方程的建立与求解方法。
  - 完成5道方程建立与求解的练习题。

......

图 5-7　DeepSeek 给出的分析与个性化学习计划

小贴士

　　DeepSeek 在"模拟考试与学习效果检测"方面也能够提供全方位的支持，帮助学生全面检测学习效果并发现薄弱环节。它可以通过批改试卷提供详细的解析和改进建议，并生成个性化的模拟考试题目。具体方法请参考第 3 章"助力高效学习"中的具体介绍。

　　DeepSeek 还能分析模拟考试结果，识别学生的学习优势和不足，并定期生成检测题目，确保学生在每个阶段都能得到高效提升。

家长加油站

家长可以通过 DeepSeek 的帮助，更好地支持孩子的数学学习。以下是家长利用 DeepSeek 的具体方法和建议。

①帮助孩子制订学习计划

DeepSeek 可以根据孩子的学习情况，帮助家长给孩子制订合理的学习计划，确保孩子的学习进度有条不紊。

提问示例："请帮我为孩子制订一个月的数学学习计划，重点是代数和几何。"

输出示例：略。

助力家长：根据 DeepSeek 的建议，帮助孩子合理安排学习时间，并监督其学习进度。

②提供学习资源和练习题

DeepSeek 可以根据孩子的学习需求，生成针对性的学习资源和练习题。

提问示例："请生成几道关于二次函数的练习题。"

输出示例：略。

助力家长：利用 DeepSeek 生成的练习题，帮助孩子巩固知识点，提升数学能力。

③批改作业和试卷

DeepSeek 可以批改孩子的作业和试卷，并提供详细的解析过程和改进建议。

提问示例："请批改孩子的作业，并提供解析过程和改进建议。"

批改结果：略。

助力家长：根据 DeepSeek 的批改结果，帮助孩子改进作业，提升其解题能力。

④分析错题和薄弱环节

DeepSeek 可以通过分析孩子的错题，找出其学习中的薄弱环节，并提供针对性的改进建议。

提问示例："请分析孩子在这道题上的错误原因，并提供改进建议。"

输出示例：略。

助力家长：根据 DeepSeek 的分析结果，帮助孩子针对薄弱环节进行复习和练习。

⑤提供学习技巧与策略

DeepSeek 可以提供数学学习技巧和策略，帮助孩子提高学习效率。

提问示例： "请提供一些提高数学学习效率的技巧。"

技巧总结： 略。

助力家长： 根据 DeepSeek 的建议，帮助孩子掌握有效的学习方法和技巧。

⑥模拟考试与学习效果检测

DeepSeek 可以生成模拟考试题目，检测孩子的学习效果。

提问示例： "请帮我生成一套数学模拟考试题目。"

模拟考试题目： 略。

助力家长： 利用 DeepSeek 生成的模拟考试题目，检测孩子的学习效果，并根据结果调整其学习计划。

第 **6** 章

英语实战

中小学英语学习是培养学生语言能力、跨文化沟通能力和综合素质的重要环节，它不仅可为学生的未来学术和职业发展奠定基础，还能开阔其国际视野。

AI 学习助手 给青少年的 DeepSeek 快速入门指南

DeepSeek 能够为学生提供多方面的帮助，从基础知识的学习到复杂题目的解析，它将全面提升学生的英语能力。

英语学习存在一些难点，比如词汇记忆困难、语法规则复杂、听力和口语表达能力提升难度大等。

我们有请 DeepSeek 来帮忙！

第1节 词汇与语法学习

DeepSeek 在词汇与语法学习方面能够提供全面的支持，帮助学生更好地掌握英语基础知识。

在词汇学习方面，DeepSeek 可以详细解释单词或短语的意思，并提供丰富的例句，帮助学生在不同语境中理解和使用这些词汇。

在语法学习方面，DeepSeek 能够清晰地讲解语法规则，并通过具体的例子展示如何在句子中正确运用这些规则。

我们以《英语》（五年级上册）中的一篇课文"WHAT WILL YOU DO IN CHENGDU?" 为例。拍照后上传至 DeepSeek，由其提取文字，如图6-1、图6-2所示。

图6-1 《英语》（五年级上册）课文内容

❦ 根据图片内容，提取的文字如下：

WHAT WILL YOU DO IN CHENGDU?

Lesson 23

Listen and say

- **Lingling:** Why do you look so excited, Lingling?
- **Lingling:** Because my parents and I are going to Chengdu.
- **Friend:** Lucky you! Are you going there by train?
- **Lingling:** No, we are going by plane.It's fast.
- **Friend:** What will you do in Chengdu?
- **Lingling:** We'll visit my grandparents. We'll see the pandas.
- **Friend:** Don't forget to see Du-jiang-yan.
- **Lingling:** No, we won't.

图 6-2　DeepSeek 提取的文字

1. 熟悉词汇和语法

高效提问公式： 🔍

"请解释（单词 / 短语）的意思，并举例说明其用法。"

"（语法点）的规则是什么？如何在句子中使用？"

提问示例： "请解释'pandas'这个单词的意思，并举例说明用法。"

解释结果，如图 6-3 所示。

❤ "pandas"是"panda"的复数形式，指的是大熊猫。大熊猫是一种生活在中国的珍稀动物，以其黑白相间的毛色和憨态可掬的外表而闻名。

意思：

panda(单数)： 大熊猫。

pandas(复数)： 多只大熊猫。

用法示例：

句子 1: We'll see the pandas in Chengdu.

翻译： 我们将去成都看大熊猫。

说明： 这里的"pandas"指的是多只大熊猫，句子表达的是他们去成都看大熊猫。

句子 2: The pandas are eating bamboo in the zoo.

翻译： 大熊猫正在动物园里吃竹子。

说明： 这里的"pandas"表示多只大熊猫，句子描述了它们在动物园里的行为。

图 6-3 "pandas"的意思及用法

继续提问示例： "'fast'的反义词有哪些？"

输出示例： 如图 6-4 所示。

❤ "fast"的反义词主要有以下几个：

Slow

意思： 慢的，缓慢的。

例句： The turtle is slow, but it always finishes the race.

翻译： 乌龟虽然慢，但它总能完成比赛。

Sluggish

意思： 迟缓的，行动缓慢的。

例句： The car was sluggish because of the heavy load.

翻译： 由于载重过大，这辆车开得很慢。

图 6-4 "fast"的反义词

继续提问示例： "'We'll visit my grandparents. We'll see the pandas.'用到了哪些语法点？"

输出示例： 如图 6-5 所示。

句子 "We'll visit my grandparents. We'll see the pandas." 用到了以下语法点：

1. 一般将来时（Simple Future Tense）。
2. 动词原形（Base Form of Verbs）。
3. 代词的使用（Use of Pronouns）。
4. 名词复数形式（Plural Nouns）。

图 6-5　上句用到的语法点

继续提问示例： "一般将来时（Simple Future Tense）的规则是什么？"

输出示例： 如图 6-6 所示。

1. 结构

- **肯定句：** 主语 +will+ 动词原形。
- **例句：** I will go to the park tomorrow.
  （我明天会去公园。）
- **否定句：** 主语 + will not (won't) + 动词原形。
- **例句：** She won't attend the meeting.
  （她不会参加会议。）
- **疑问句：** Will + 主语 + 动词原形？
- **例句：** Will you come to the party?
  （你会来参加派对吗？）

2. 动词形式

......

图 6-6　一般将来时的规则

继续提问示例："请生成 2 道一般将来时（Simple Future Tense）的练习题。"

输出示例：如图 6-7 所示。

以下是 2 道关于一般将来时（Simple Future Tense）的练习题：

题目 1：填空练习

将以下句子改为一般将来时，并用括号中动词的正确形式填空。

1. She _____ (visit) her grandparents next weekend.

2. They _____ (not/go) to the party tomorrow.

3. _____ you _____ (call) me later?

4. We _____ (travel) to Europe next summer.

5. He _____ (finish) his homework before dinner.

参考答案：

......

图 6-7　一般将来时练习题

为了巩固词汇及语法学习，学生可以不断这样向 DeepSeek 发问，它一定会耐心地让学生收获满满。

2. 快速背单词

提问示例： "如何快速记住'forget'？"

输出示例： 如表 6-1 所示。

 表 6-1 快速记住"forget"的方法

方法	具体内容
理解词义与用法	－ 意思：忘记，遗忘。 － 例句：Don't forget to bring your umbrella
联想记忆	－ 拆分单词："for" + "get"。 － 联想：为了（for）得到（get）某物，却忘记了
图像记忆	－ 想象一个人站在门口，手里拿着购物清单，却忘记带钱包。 － 将"forget"与空荡荡的脑袋联系起来
多次复习	－ 复习计划： － 第一次复习：学习后 5~10 分钟。 － 第二次复习：学习后 24 小时。 － 第三次复习：学习后 1 周。 － 第四次复习：学习后 1 个月。 － 复习方式：造句、做练习题或口头复述

续表

方法	具体内容
使用记忆技巧	－谐音记忆：将"forget"发音与中文"佛get"联系起来。 －词根记忆："for"表示"远离"或"否定"，"get"表示"得到"，结合起来表示"忘记"
生成练习题	－造句练习：用"forget"造一个句子。 －填空练习：Don't ＿＿＿＿to call me later.（答案：forget） －同义词练习："forget"的同义词是什么？（答案：overlook, neglect）
实际应用	－日常使用：提醒自己或他人不要忘记某事。 －对话练习：与朋友或同学进行对话练习，使用"forget"造句

第 2 节　阅读理解与解析

DeepSeek 可以帮助你分析阅读理解题目，提供详细的解析和解题思路，指导你如何抓住文章的主旨、提取关键信息，并分析题目中的陷阱和常见错误。

帮你搞定英语阅读理解！

1. 文章主旨与关键信息提取

DeepSeek 可以帮助你分析文章的主旨和关键信息，提炼出文章的核心内容。

指令集： 文章主旨、关键信息、主要观点……

高效提问公式:

"这篇文章的主要观点是什么?"

提问示例: "WHAT WILL YOU DO IN CHENGDU? 这篇课文的主要观点是什么?"

解析结果: 如图 6-8 所示。

> 🐦 **文章的主要观点是:** Lingling 和她的父母将去成都旅行,并计划看望祖父母和参观大熊猫,同时朋友提醒她不要忘记参观都江堰。
>
> **具体分析:**
> 1. **旅行计划:** Lingling 和她的父母将去成都旅行,乘坐飞机前往。
> 2. **活动安排:**
>   ○ 看望祖父母。
>   ○ 参观大熊猫。
> 3. **朋友建议:** 朋友提醒 Lingling 不要忘记参观都江堰。

图 6-8 课文主要观点

2. 词汇与句子解析

DeepSeek 可以帮助你理解文章中的生词和复杂句子,提供详细的解释和示例。

高效提问公式：

"请解释（单词／短语）在文章中的意思。"

"请帮我分析这个句子的结构：（句子内容）。"

提问示例： "请帮我分析这个句子的结构：'Lucky you!'。"

解析结果："Lucky you!"是一个简洁的感叹句，结构为形容词＋代词，省略了动词"are"，表达对对方的羡慕或祝贺。它常用于口语，语气轻松随意。

3. 生成阅读理解练习题

DeepSeek 可以根据课文内容生成阅读理解练习题，帮助学生检测对课文的理解程度。

高效提问公式：

"请根据这篇课文生成几道阅读理解练习题。"

"请帮我设计几道关于这篇课文的题目。"

提问示例： "请根据这篇课文生成几道阅读理解练习题。"

输出示例：如表 6-2 所示。

 表6-2　几道阅读理解练习题

题目类型	问题 / 选项	答案
选择题	How will Lingling and her parents go to Chengdu? A. By train.　B. By plane. C. By car.　D. By bus.	B. By plane.
填空题	Lingling and her parents will visit her _____ and see the _____ in Chengdu.	grandparents, pandas
判断题	Lingling's friend reminds her to visit Du-jiang-yan. (True/False)	True.
简答题	What are Lingling's plans in Chengdu?	Lingling plans to visit her grandparents and see the pandas. Her friend also reminds her to visit Du-jiang-yan.
翻译题	将以下句子翻译成中文："We'll visit my grandparents. We'll see the pandas."	我们将去看望我的祖父母。我们将去看大熊猫。
细节理解题	Why does Lingling look excited?	Because she and her parents are going to Chengdu.

第 3 节　写作指导与批改

在英语写作中，DeepSeek 可以帮助学生提升写作能力、改进写作技巧，并解决其写作过程中遇到的常见问题。以下是 DeepSeek 在英语写作中的具体应用。

1. 写作构思与框架搭建

DeepSeek 可以根据写作主题，提供多种写作思路和内容建议，帮助学生打开思维，避免其在写作时无话可说。

高效提问公式：

"请帮我提供一篇关于（主题）的作文写作思路。"

"请帮我搭建一篇关于（主题）的作文框架。"

提问示例： "请帮我提供一篇关于'My Favorite Season'的作文写作思路。"

DeepSeek 会提供文章的结构框架，如开头介绍最喜欢的季节，中间描述季节的特点，结尾总结感受。

2. 提供写作素材与例子

DeepSeek 可以根据写作主题，提供相关的词汇、短语、句型和例句，帮助学生丰富文章内容。

高效提问公式：

"有哪些关于（主题）的词汇和短语可以用在作文中？"

"请提供一些关于（主题）的例子或故事。"

提问示例： "有哪些关于'My Hobby'的词汇和短语可以用在作文中？"

DeepSeek 会提供相关词汇，如"collect stamps""play basketball""read books"等，并给出例句。

3. 句子润色与语言提升

DeepSeek 可以帮助学生修改句子，使句子更加生动、准确，并助其运用适当的修辞手法。

> **高效提问公式：** 🔍
>
> "请帮我修改以下句子，使其更加生动：（句子内容）。"
>
> "请帮我将以下句子改写为更高级的表达：（句子内容）。"

提问示例： "请帮我修改以下句子，使其更加生动：'I like reading books'。"

DeepSeek 可能会修改为： "I am passionate about reading books, as they open up new worlds and broaden my horizons."。

4. 语法与拼写检查

DeepSeek 可以帮助学生检查作文中的语法和拼写错误，并提供正确的表达方式。

> **高效提问公式：** 🔍
>
> "请帮我检查以下句子的语法和拼写：（句子内容）。"
>
> "请帮我修改以下句子中的错误：（句子内容）。"

提问示例： "请帮我修改以下句子中的错误：'She don't like apples.'。"

DeepSeek 会纠正为: "She doesn't like apples."。

5. 提供写作模板与仿写建议

DeepSeek 可以提供经典句式和写作模板，帮助学生模仿学习，提升写作水平。

高效提问公式： 🔍

"请根据以下句子的结构，提供仿写建议：（句子内容）。"

"请提供一篇关于（主题）的作文模板。"

提问示例： "请根据以下句子的结构，提供仿写建议：'The more you read, the more you learn.'。"

DeepSeek 可能会建议仿写为: "The more you practice, the better you become."。

6. 作文批改与改进建议

DeepSeek 可以批改学生的作文，指出问题并提供改进建议，帮助学生提升写作能力。

高效提问公式: 🔍

"请批改我的作文,并提供解析和改进建议:(作文内容)。"

"请分析我的作文中的问题,并提供改进建议。"

提问示例: "请批改我的作文,并提供解析和改进建议:'My favorite animal is dog. They are very cute and friendly.'。"

DeepSeek 会指出问题(如单复数不一致),并建议修改为:"My favorite animal is the dog. Dogs are very cute and friendly."。

7. 提供写作技巧与策略

DeepSeek 可以提供写作技巧和策略,帮助学生提高写作效率和质量。

这样写会不会更好?

高效提问公式： 🔍

"写英语作文时有哪些技巧？"

"如何写好一篇关于（主题）的作文？"

提问示例： "写英语作文时有哪些技巧？"

DeepSeek 可能会提供以下技巧：

使用连接词（如"firstly""however""in conclusion"）使文章更连贯。

多用形容词和副词丰富句子。

注意时态的一致性。

8. 生成相似题目与练习

DeepSeek 可以根据学生的写作需求，生成相似题目和练习，帮助学生巩固写作技巧。

高效提问公式： 🔍

"请生成几道关于（主题）的写作题目。"

"请根据我的作文生成几道相似题目。"

提问示例： "请生成几道关于'My Dream'的写作题目。"

DeepSeek 可能会生成以下题目：

"What is your dream job and why?"

"Describe a dream you have for the future."

9. 提供个性化写作计划

DeepSeek 可以根据学生的写作水平和薄弱环节，制订个性化的写作提升计划。

高效提问公式：

"请根据我的作文生成一份写作能力提升计划。"

"我在英语写作中的薄弱环节是什么？如何改进？"

提问示例： "请根据我的作文生成一份写作能力提升计划。"

DeepSeek 可能会建议：

每天练习写 5 个句子，注意时态和主谓一致。

每周写一篇短文，重点练习使用连接词。

阅读优秀范文，学习文章结构和表达方式。

10. 提供阅读推荐，激发写作灵感

DeepSeek 可以根据学生的兴趣和水平，推荐适合的阅读材料，帮助学生积累写作素材和激发其灵感。

高效提问公式： 🔍

"请推荐几本适合（年龄段）阅读的英语书。"

"有哪些关于（主题）的英语文章可以推荐？"

提问示例： "请推荐几本适合小学五年级学生阅读的英语书。"

DeepSeek 可能会推荐： *Charlotte's Web*、*Matilda* 等经典儿童文学作品。

第 4 节　听力练习与解析

DeepSeek 可以提供听力练习材料，并解析听力题目，帮助学生提高听力理解能力。

听力练习我也能帮到你！

高效提问公式：

"请帮我生成一段听力练习材料。"

"这道听力题的解题思路是什么？"

提问示例： "请帮我生成一段听力练习材料。"

听力材料：

内容： A conversation between two friends discussing their

weekend plans.

问题： What are they planning to do this weekend?

口语练习与反馈

DeepSeek 可以提供口语练习题目，并给出反馈和建议，帮助学生提高口语表达能力。

> **高效提问公式：** 🔍
>
> "请帮我生成一个口语练习题目。"
>
> "请对我的口语表达情况给出反馈和建议。"

提问示例： "请帮我生成一个口语练习题目。"

口语练习题目：

"'Describe your favorite holiday and explain why you like it.'。"

 小贴士

DeepSeek 可以通过生成模拟考试题目，来检测学生的英语学习效果。例如，学生可以使用高效提问公式："请帮我生成一套英语模拟考试题目。"经过批改后，DeepSeek 会根据学生的实际水平生成相应的题目，其中包括阅读理解、完形填空以及英

文写作。通过这些模拟考试，学生可以全面检测自己的英语水平、发现薄弱环节，并进行针对性的复习和改进。

家长加油站

家长可以通过 DeepSeek 的帮助，更好地支持孩子的英语学习。

①帮助孩子制订学习计划

高效提问公式："请帮我为孩子制订一个月的英语学习计划，重点是（语法／词汇／阅读／写作）。"

"请根据孩子的学习进度，制订一个每周的学习计划。"

助力家长：根据 DeepSeek 的建议，帮助孩子合理安排学习时间，并监督其学习进度。

②提供学习资源和练习题

高效提问公式："请生成几道关于（语法点／词汇语法点／词汇）的练习题。"

"请提供一些适合（年龄段）的英语阅读材料。"

助力家长：利用 DeepSeek 生成的练习题和阅读材

料，帮助孩子巩固知识点，提升英语学习能力。

③批改作业和试卷

高效提问公式："请批改孩子的作业，并提供解析和改进建议：（作业内容）。"

"请批改孩子的试卷，并分析错题原因。"

助力家长： 根据 DeepSeek 的批改结果，帮助孩子完成作业，提升解题能力。

④分析错题和薄弱环节

高效提问公式："请分析孩子在这道题上的错误原因，并提供改进建议：（题目内容）。"

"请根据孩子的错题，生成一份薄弱环节分析报告。"

助力家长： 根据 DeepSeek 的分析结果，帮助孩子针对薄弱环节进行复习和练习。

⑤提供学习技巧与策略

高效提问公式：

"请提供一些提高英语学习效率的技巧。"

"如何帮助孩子更好地记忆英语单词？"

助力家长：根据 DeepSeek 的建议，帮助孩子掌握有效的学习方法和技巧。

⑥模拟考试与学习效果检测

高效提问公式："请帮我生成一套英语模拟考试题目。"

"请根据孩子的学习进度，生成几道检测题目。"

助力家长：利用 DeepSeek 生成的模拟考试题目，检测孩子的学习效果，并根据结果助其调整学习计划。

⑦提供阅读推荐和学习资源

高效提问公式：

"请推荐几本适合（年龄段）阅读的英语书。"

"有哪些适合孩子练习听力的英语资源？"

助力家长：根据 DeepSeek 的推荐，为孩子选择合适的阅读材料和听力资源。

⑧帮助孩子进行口语练习

高效提问公式："请提供一些适合孩子练习口语的话题。"

"如何帮助孩子提高英语口语流利度？"

助力家长： 根据 DeepSeek 的建议，帮助孩子进行口语练习，提升表达能力。

⑨跟踪学习进度

高效提问公式："请帮我检查孩子的学习进度，是否需要调整学习计划？"

"请根据孩子的学习情况，生成一份学习进度报告。"

助力家长： 根据 DeepSeek 的反馈，帮助孩子调整学习计划，确保其学习目标的实现。

⑩提供个性化学习建议

高效提问公式："请根据孩子的学习情况，提供一些个性化的学习建议。"

"如何帮助孩子提高英语写作能力？"

助力家长： 根据 DeepSeek 的建议，帮助孩子制订个性化的学习策略，提升学习效果。

第 **7** 章

自然科学
学科实战

　　初中阶段学好物理、化学和生物这些理科
学科，不仅能够帮助学生建立科学思维、培养
逻辑推理能力，还能为其高中和大学的深入学
习打下坚实基础。DeepSeek 将帮学生解决学
习难题，让学生如虎添翼。

AI 学习助手　　给青少年的 DeepSeek 快速入门指南

DeepSeek 将是你的全能"科学外挂"，能够系统提升你的物理、化学和生物学习能力。

自然科学学习充满挑战，许多学生在理解物理定律、掌握化学方程式和分析生物现象时遇到困难，特别是在力学计算、化学反应原理和生命活动过程等关键知识点上容易陷入困境。

DeepSeek 能为中小学生提供全方位的科学学习支持：通过生动的实验演示和现实案例，帮助学生直观理解抽象的科学原理；通过典型例题的多角度解析，培养学生灵活运用知识的能力；通过智能诊断学习盲区，提供个性化的强化训练方案；通过模拟实验操作和考点精炼，有效提升应试水平与科学素养。

现在就让我们探索 DeepSeek 在自然科学学习中的强大功能吧。

第1节 物理学习

初中物理内容涵盖力学、热学、光学、电学等基础知识，既有趣又充满挑战。在学习过程中，学生可能会遇到概念理解困难、公式应用不熟练、实验现象分析不清等问题，尤其涉及抽象思维和逻辑推理时，容易犯迷糊。

物理，真的有点儿难！

学生可以向 DeepSeek 精准提问，获得清晰的概念解释；通过例题分析，掌握公式的应用技巧；通过实验现象解析，理解物理规律的本质。

1. 概念理解类问题

概念理解是掌握物理知识的基础。

高效提问公式：

"请解释（关键词）的定义，并举例说明。"

"（关键词）的核心要点是什么？有哪些常见的易错点需要注意？"

"请推导（关键词），并解释每一步的含义。"

关键词： 概念、定义、公式、示例、易错点、背景故事……

提问示例： "请解释浮力的定义，并举例说明。"

解释结果： 如图 7-1 所示。

❤ **浮力的定义**

浮力 是指当一个物体浸入流体（液体或气体）中时，流体对物体施加的向上的力。这个力是由于流体对物体上下表面的压力差产生的。浮力的大小等于物体排开的流体的重量，这就是著名的**阿基米德原理**。

阿基米德原理的数学表达式为：

$$F_浮 = \rho_{液体} \times V_排 \times g$$

其中：

- $F_浮$ 是浮力；
- $\rho_{液体}$ 是流体的密度；
- $V_排$ 是物体排开流体的体积；
- g 是重力加速度（通常取 $9.8\,\mathrm{m/s^2}$）。

（a）

浮力的举例说明

1. 船浮在水面上

- **现象**：船能够浮在水面上，是因为船受到的浮力与船的重力平衡。
- **解释**：船浸入水中的部分排开了一定体积的水，根据阿基米德原理，水对船施加了一个向上的浮力。当浮力等于船的重力时，船就会浮在水面上。

2. 气球升空

- **现象**：充满氢气或氦气的气球能够升空，是因为气球受到的浮力大于其重力。
- **解释**：气球排开了大量的空气，空气对气球施加了一个向上的浮力。由于氢气和氦气的密度比空气小，气球的总重力小于浮力，因此气球会升空。

（b）

图 7-1　浮力的定义及案例

继续提问示例："请推导浮力的公式，并解释每一步的含义。"

输出示例：如图 7-2 所示。

……

推导过程的总结

1. **排开流体体积**：物体浸入流体中时，排开的流体体积 $V_{排}$ 等于物体浸入流体中的体积 V。
2. **排开流体质量**：通过流体的密度 $\rho_{流体}$ 和排开的体积 $V_{排}$，计算出排开的流体质量 $m_{流体}$。
3. **排开流体重量**：排开的流体重量 $W_{流体}$ 等于排开的流体质量 $m_{流体}$ 乘以重力加速度 g。
4. **浮力公式**：根据阿基米德原理，浮力 $F_{浮}$ 等于排开的流体重量 $W_{流体}$。

举例说明

假设一个物体的体积为 $0.1\,\mathrm{m}^3$，完全浸入水中（水的密度为 $1000\,\mathrm{kg/m}^3$），重力加速度为 $9.8\,\mathrm{m/s}^2$，则浮力为：

$$F_{浮} = 1000\,\mathrm{kg/m}^3 \times 0.1\,\mathrm{m}^3 \times 9.8\,\mathrm{m/s}^2 = 980\,\mathrm{N}$$

这意味着物体在水中受到的浮力为 980 牛顿。

图 7-2　浮力的推导过程及案例

继续提问示例："浮力的核心要点是什么？有哪些常见的易错点需要注意？"

输出示例：如图 7–3 所示。

总结

浮力的核心要点包括：

- 浮力的定义和方向；
- 浮力的计算公式（阿基米德原理）；
- 浮力的来源（流体对物体上下表面的压力差）；
- 浮力的实际应用。

常见的易错点包括：

- 混淆浮力与重力；
- 忽略浮力的方向；
- 错误理解阿基米德原理；
- 忽略物体排开的流体体积；
- 混淆浮力与压力；
- 忽略浮力的实际应用。

图 7–3　浮力的核心要点和易错点

2. 公式应用类问题

公式应用类问题是学生必须掌握的重要内容之一。DeepSeek 能帮助学生掌握公式的应用方法，并灵活运用公式解决实际问题。

高效提问公式：

"请举例说明（关键词）在实际问题中的应用。"

"（关键词）在哪些场景中可以使用？"

"如何将（关键词）变形为其他形式？"

关键词：物理公式、实际应用、使用场景、变形形式、量纲分析、生成练习题……

提问示例： "请举例说明欧姆定律$V=IR$在实际问题中的应用。"

输出示例：如图 7–4 所示。

……

总结

欧姆定律 $V = IR$ 在实际问题中有广泛的应用，包括：

- 计算电路中的电流、电压和电阻；
- 设计电路中的电阻；
- 分析串联和并联电路中的电压和电流分配；
- 计算电器的功率和能量消耗。

通过这些例子，我们可以看到欧姆定律在电路分析和设计中的重要性。掌握欧姆定律的应用，可以帮助我们更好地理解和解决电学中的实际问题。

图 7–4　欧姆定律在实际中的应用

继续提问示例： "如何将欧姆定律$V=IR$变形为其他形式？"

输出示例：如图 7–5 所示。

❤ 欧姆定律 $V = IR$ 是电学中最基本的定律之一，描述了电压 (V)、电流 (I) 和电阻 (R) 之间的关系。根据不同的需求，欧姆定律可以变形为其他形式，以便于计算不同的物理量。以下是欧姆定律的几种常见变形形式及其应用场景：

1. 计算电流: $I = \dfrac{V}{R}$

- **应用场景:** 当已知电压和电阻时，可以通过变形公式计算电流。
- **推导过程:**

$$V = IR \quad \Rightarrow \quad I = \frac{V}{R}$$

- **示例:**
  已知电压 $V = 12\,\mathrm{V}$，电阻 $R = 4\,\Omega$，求电流 I。

$$I = \frac{V}{R} = \frac{12\,\mathrm{V}}{4\,\Omega} = 3\,\mathrm{A}$$

2. 计算电阻: $R = \dfrac{V}{I}$

⌄

......

图 7-5　欧姆定律的变形形式

继续提问示例： "请生成几道关于欧姆定律 $V=IR$ 的练习题。"

输出示例： 如图 7-6 所示。

❤ 以下是几道关于欧姆定律 $V = IR$ 的练习题，涵盖不同的应用场景和难度级别，帮助学生巩固对欧姆定律的理解和应用。

1. 基础题：计算电流

- **题目:** 在一个电路中，已知电压为 12V，电阻为 4Ω，求电路中的电流。
- **解答:**

$$I = \frac{V}{R} = \frac{12\,\mathrm{V}}{4\,\Omega} = 3\,\mathrm{A}$$

- **答案:** 电路中的电流为 3A。

2. 基础题：计算电压

- **题目:** 在一个电路中，已知电流为 0.5A，电阻为 10Ω，求电路中的电压。
- **解答:**

⌄

......

图 7-6　关于欧姆定律 $V=IR$ 的练习题

3. 实验现象类问题

实验现象类问题是培养学生科学思维和实践能力的重要内容。DeepSeek 在"实验现象类问题"上能够提供帮助。

当学生做物理实验遇到问题时，DeepSeek 可以像一位贴心的实验小助手一样帮其解决各种难题！

①实验现象解析

> **高效提问公式：**
>
> "请提供实验现象的（关键词）。"
>
> "请分析现象背后的（关键词）。"
>
> "请分析类似（关键词）的现象。"

关键词： 详细解释、物理原理、举例说明……

提问示例： "为什么水沸腾时温度保持不变？"

输出示例： 解释汽化吸热原理，说明沸点与气压的关系。

②实验设计指导

> **高效提问公式：** 🔍
>
> "请提供标准的（关键词）。"
>
> "请给出选择（关键词）的建议。"
>
> "请设计（关键词）。"

关键词： 实验步骤、实验器材、实验方案……

提问示例： 请设计"探究浮力大小与排开液体体积关系"的实验。

输出示例： 分步骤说明实验操作，列出所需器材。

③数据处理与分析

> **高效提问公式：** 🔍
>
> "请指导绘制（关键词）。"
>
> "请告诉我具体的（关键词）方法。"
>
> "请帮助总结（关键词）。"

关键词： 实验图表、数据分析、实验结论……

提问示例： 请分析"测量小灯泡电阻"实验数据。

输出示例： 指导绘制图表，计算电阻值。

④**误差分析**

> **高效提问公式：** 🔍
>
> "请识别常见误差来源。"
>
> "请提供减小误差的方法。"
>
> "请分析系统误差和偶然误差。"

提问示例： 请分析"测量重力加速度"实验的误差。

输出示例： 指出摆长测量、计时误差等影响因素。

4. 题目解析类问题

①分步拆解难题

遇到复杂的电学计算或力学分析题时，学生可以直接把题目发给 DeepSeek，它会像拆积木一样，把大问题变成小步骤。

比如：先标出已知条件（电压 =12V，电阻 =4Ω……）；再匹配对应公式（欧姆定律 $V=IR$……）；最后带学生一步步算出答案。DeepSeek 还会提醒学生单位换算的陷阱哦！

②多种解法任选

同一道题 DeepSeek 常会提供 2~3 种解法，学生可以选最适合自己的方法。

比如：用浮力公式计算木块浮沉；改用受力平衡思路分析。

③考点即时贴士

在解析物理难题时，DeepSeek 会自动标注"中考高频考点""易错警示""解题捷径"等。

比如：在分析滑轮组题目时，DeepSeek 会特别强调"绳子段数 n"的判断秘诀。

④生活化类比讲解

DeepSeek 会用学生熟悉的例子解释抽象概念，让物理原理变得很好懂。

比如：在讲压强时，它会举例"雪橇不会陷雪里"；说到电路时，会说电路像"游乐园的排队路线"等。

家长加油站

家长可以通过 DeepSeek 的帮助更好地支持孩子的物理学习：

①作业辅导智能工具包

当孩子卡在力学题时，家长只需用手机拍题上传 DeepSeek，然后提问。

提问示例："请分步骤解析这道题。"

"请标注该题对应的课本知识点位置。"

"请自动生成 3 道相似题巩固练习。"

②实验家庭指导师

在完成家庭小实验时，家长可以问 DeepSeek。

提问示例："在家如何用矿泉水瓶做浮力实验？"

"测量盐水密度需要哪些厨房器材？"

"请生成热水实验安全防护清单。"

③学习进度管理台

每个周末，家长可以根据孩子的错题情况问

DeepSeek。

提问示例："请根据孩子这周的物理错题生成复习计划。"

"请给出物理学习弱点分析报告。"

④考试冲刺智囊团

考试前一两周，可以提问 DeepSeek。

提问示例："请生成八年级下学期物理期末冲刺包。"

"请总结高频考点，并编成记忆口诀。"

"请汇总历年物理易错题 TOP10，并给出易错点分析。"

第 2 节　化学学习

初中化学包含物质结构、化学反应、溶液理论等基础知识，既神奇又充满奥秘。学习时，学生常常会遇到微观概念难以想象、方程式配平困难、实验现象解释不清等挑战，特别是面对抽象的分子运动和复杂的反应过程时，容易陷入困惑之中。

学生可以向 DeepSeek 精准提问，获得生动的概念讲解；通过典型例题，掌握化学计算的诀窍；借助实验现象分析，看透化学反应的本质。无论是理解元素周期律的奥秘，还是攻克溶液浓度的计算难关，DeepSeek 都能为学生提供专业指导，让其化学学习变得轻松有趣。

1. 化学方程式与反应原理解析

①化学方程式解释

DeepSeek 可以用生活化的语言解释方程式的组成和意义，帮助学生理解其本质。

高效提问公式： 🔍

"请解释（化学方程式）的含义。"

"（化学方程式）的核心要素有哪些？"

提问示例： "请解释 '$2H_2 + O_2 \rightarrow 2H_2O$' 的含义。"

输出示例： 化学方程式 $2H_2 + O_2 \rightarrow 2H_2O$ 的含义，包括反应物质及条件、物质比例关系、原子守恒、气体体积关系等。

②方程式的配平

DeepSeek 可以分步演示化学方程式配平过程，并解释每一步的原理。

高效提问公式： 🔍

"请配平（化学方程式），并说明配平方法。"

"这个（化学方程式）可以用哪些方法配平？"

提问示例："请配平Fe + O$_2$ → Fe$_3$O$_4$，并解释步骤。"

输出示例：DeepSeek会分步演示最小公倍数法配平过程，最终得到3Fe + 2O$_2$ → Fe$_3$O$_4$，包括确定反应物与生成物、配平金属原子（Fe）、配平非金属原子（O）、验证原子守恒、补充反应条件，以及分析反应类型等内容。

③反应类型的判断与举例

DeepSeek可以通过具体反应说明反应类型，并结合典型反应，帮助学生理解各类反应的特征。

高效提问公式： 🔍

"请用实例说明（反应类型）的特征。"

"如何判断一个反应属于（反应类型)？"

提问示例："请用实例说明'置换反应'的特征。"

输出示例：DeepSeek会描述"Zn + CuSO$_4$ → ZnSO$_4$ + Cu"的反应，解释"单质与化合物反应生成新单质"的特征。

④提供反应原理的深度解析

DeepSeek可以从原子和分子层面解释反应本质，分析反应过程。

高效提问公式： 🔍

"请从微观角度解释（化学反应）的原理。"

"（化学反应）中电子是如何转移的？"

提问示例： "请从微观角度解释钠与氯气的反应原理。"

输出示例： DeepSeek会说明"钠原子失去电子形成Na^+，氯原子获得电子形成Cl^-，通过离子键结合成$NaCl$"的过程。

2. 实验操作与现象分析

①实验操作指导

DeepSeek 可以详细解释实验步骤，用标准化语言说明实验操作流程，帮助学生掌握正确操作方法。

我来帮你分析分析。

高效提问公式： 🔍

"请说明（实验名称）的标准操作步骤。"

"进行（实验名称）时需要注意哪些安全事项？"

提问示例： "请说明'实验室制取二氧化碳'的操作步骤。"

输出示例： DeepSeek会分步说明，包括检查装置气密性、大理石装入锥形瓶、从长颈漏斗加入稀盐酸、用向上排空气法收集气体、燃着的木条验满等。

②实验现象解析

DeepSeek 可以科学解释实验现象，从反应原理角度分析实验现象的本质。

高效提问公式：

"为什么在（实验名称）中会出现（具体现象)？"

"（实验现象）说明什么化学原理？"

提问示例： "为什么铜与浓硝酸反应会先产生红棕色气体？"

输出示例： DeepSeek会解析相关内容，包括初始生成NO_2气体（红棕色）、随浓度降低转为生成NO（无色）、涉及氮元素价态变化（+5→+4）等。

③实验改进方案

DeepSeek 可以优化实验设计，针对实验难点提出改进建议。

高效提问公式：

"如何改进（实验名称），使现象更明显？"

"（实验名称）可以用哪些替代药品？"

提问示例： "如何改进'测定空气中氧气含量'实验？"

输出示例： DeepSeek 会给出建议，包括用白磷代替红磷（燃烧更充分）、加入着色剂增强液面观察效果、使用数字压强传感器提高精度等。

④实验安全指导

DeepSeek 会强调安全规范，特别标注实验中的危险环节。

安全最重要！

高效提问公式：

"进行（实验名称）时需要做好哪些防护措施？"

"皮肤接触（实验药品）后如何处理？"

提问示例： "钠与水反应实验要注意什么？"

输出示例： DeepSeek会强调注意事项，包括取绿豆大小钠块、必须使用镊子夹取、准备干燥沙土灭火、佩戴护目镜等。

除了以上实验方面的问题，DeepSeek 还能为学生提供家庭实验的可行方案、实验数据的处理方法、实验报告的撰写等方面的帮助。它能给予学生专业的实验支持，帮学生规范实验操作、理解现象本质、培养探究能力、提升安全意识、掌握科研方法。

3. 微观世界与物质结构理解

①分子微观结构

DeepSeek 能用类比和可视化方式解释抽象概念，生动呈现物质的微观结构。

高效提问公式：

"请用生活例子说明（分子）的结构。"

"如何形象地理解（分子）的运动？"

提问示例： "请用类比说明水分子的结构。"

输出示例： DeepSeek会给出生活中的类比形象，比如，氧原子像"大磁铁"（电负性强）、氢原子像"小磁铁"、104.5° 键角形成"米老鼠耳朵"构型、氢键作用如同"手拉手"的连接方式等。

②物质分类解析

DeepSeek 能给出清晰的物质分类，帮助学生理解物质的组成关系。

高效提问公式：

"如何区分（物质类别 A）和（物质类别 B）？"

"（物质名称）属于哪类物质？为什么？"

提问示例： "请用树状图展示物质的分类关系。"

输出示例： DeepSeek会绘制（图7-7）：

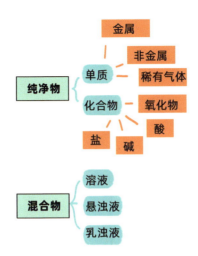

图 7-7 DeepSeek 绘制的物质分类关系树状图

③元素周期律的规律

DeepSeek 能提炼记忆口诀和规律，帮学生揭示周期表奥秘。

高效提问公式：

"第（主族序数）主族元素有什么共同特性？"

"如何记忆元素周期表的递变规律？"

提问示例： "请总结第三周期元素性质的递变规律。"

输出示例： "DeepSeek会给出详细说明，包括金属性逐渐

减弱（Na→Mg→Al）、非金属性逐渐增强（Si→P→S→Cl）、

原子半径逐渐减小、最高正价从+1递增到+7等内容。"

④化学键分析

DeepSeek 能够详细解析粒子间作用力，并能分布展示成

键过程（图 7–8）。

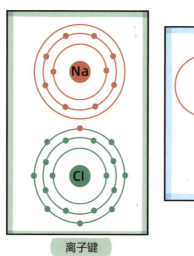
离子键

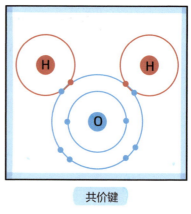
共价键

图 7–8　离子键与共价键的差异

高效提问公式：

"离子键和共价键的主要区别是什么？"

"请用电子式表示（物质）的形成过程。"

提问示例： "比较NaCl和H₂O中的化学键差异。"

输出示例： 如表 7-1 所示。

 表 7-1　NaCl 和 H₂O 的化学键差异

键型	NaCl（离子键）	H₂O（共价键）
形成方式	电子转移	电子共用
存在形态	晶体	分子
熔沸点	高	低

除了以上方面外，DeepSeek 还能为学生提供建立宏观-微观联系、描述微观运动等帮助。

4. 计算题解题指导

①化学式的相对分子质量计算

DeepSeek 能指导学生正确计算化学式的相对分子质量，并解释其含义。

高效提问公式：

"如何计算（化学式）的相对分子质量？"

"（化学式）中各元素的相对原子质量是多少？"

提问示例： "请计算H_2SO_4的相对分子质量。"

输出示例：

H的相对原子质量=1；

S的相对原子质量=32；

O的相对原子质量=16；

计算：$2 \times 1 + 32 + 4 \times 16 = 98$；

结论：H_2SO_4的相对分子质量为98。

②化学方程式的计算

DeepSeek 能帮助学生掌握反应计量关系，利用化学方程式进行质量守恒和气体体积计算。

> **高效提问公式：** 🔍
>
> "如何根据化学方程式计算反应物与生成物的质量？"
>
> "在标准状况下，如何计算气体的体积？"

提问示例： "$2KClO_3 \rightarrow 2KCl + 3O_2\uparrow$，若加热24.5g $KClO_3$，最多可生成多少克O_2？"

输出示例： DeepSeek 会分步计算：

计算$KClO_3$的摩尔质量=122.5g/mol；

24.5g $KClO_3$ = 0.2mol；

根据方程式，2mol $KClO_3$生成3mol O_2；

0.2 mol $KClO_3$ 生成0.3mol O_2；

O_2的质量=0.3mol × 32g/mol = 9.6g。

③溶液浓度的计算

DeepSeek 能理解溶液相关计算，帮助学生计算溶液质量分数、溶解度等。

高效提问公式：   🔍

"如何计算某溶液的质量分数？"

"如何根据溶解度计算饱和溶液的浓度？"

提问示例： "20℃时，NaCl的溶解度为36g/100g水，求该温度下NaCl饱和溶液的质量分数。"

输出示例：

溶质质量=36g；

溶剂质量=100g；

溶液质量=36g + 100g = 136g；

质量分数=(36g / 136g) × 100% ≈ 26.47%。

④化学计算中的单位换算与解题技巧

DeepSeek 能避免单位错误，提高计算效率，指导学生正确进行单位换算，并提供解题技巧。

化学计算中的难题，也都不是事儿！

高效提问公式：

"如何将 g 转换为 mol？"

"化学计算中常见的单位错误有哪些？"

提问示例： "在标准状况下，11.2 L CO_2 的物质的量是多少？"

输出示例：

标准状况下，1 mol 气体 ≈ 22.4 L，

故，11.2 L CO_2 = 11.2 ÷ 22.4 = 0.5 mol。

解题技巧：

质量守恒：反应前后总质量不变，可用于简化计算。

比例法：利用化学计量数关系快速计算。

单位统一：计算前确保所有单位一致（如g→mol、L→mol）。

5. 知识记忆与复习策略

①化合价口诀与元素周期表记忆法

DeepSeek 能提供趣味口诀和规律总结，帮助学生快速掌握核心知识，高效记忆化学基础知识。

> **高效提问公式：**
>
> "请提供常见元素化合价记忆口诀。"
>
> "如何快速记住前 20 号元素？"

提问示例： "请提供金属活动性顺序的记忆方法。"

输出示例： "钾钙钠镁铝，锌铁锡铅氢，铜汞银铂金。"

（谐音联想："加改那美旅，心铁借钱轻，统共一百斤。"）

②化学实验操作要点归纳

DeepSeek 能提炼实验核心操作，系统整理实验关键步骤，避免遗漏重要细节。

高效提问公式：

"请总结（实验名称）的操作要点。"

"（实验器材）的正确使用方法是什么？"

提问示例： "请归纳'实验室制氧气'的注意事项。"

输出示例：

试管口略向下倾斜（防冷凝水倒流）；

气泡均匀冒出时再收集；

结束时先撤导管后灭酒精灯；

高锰酸钾试管口要塞棉花。

③易混淆概念的对比

DeepSeek 能清晰辨析相似知识点，并通过表格对比，帮学生强化理解记忆。

高效提问公式：

"请对比（概念 A）和（概念 B）的区别。"

"（两类物质）的主要差异是什么？"

提问示例： "请对比'蒸发结晶'和'降温结晶'。"

输出示例： 如表 7-2 所示。

 表 7-2 "蒸发结晶"与"降温结晶"对比

对比项	蒸发结晶	降温结晶
适用物质	溶解度受温度影响小（如 NaCl）	溶解度随温度变化大（如 KNO_3）
操作要点	蒸发皿加热至大量晶体析出	热饱和溶液冷却结晶
实验图示	（蒸发示意图）	（冷却曲线图）

通过以上帮助，DeepSeek 可以让学生在化学学习中更高效地理解概念、掌握实验、攻克计算题，并提升整体成绩！

家长加油站

家长可以通过以下利用 DeepSeek 的方式成为孩子

的"学习助力伙伴"。

不用焦虑，我来帮您！

①作业辅导智能工具，精准解决每日难题

当孩子遇到作业难题时，家长可以拍照上传题目，获取分步骤解析，并要求 DeepSeek 提供同类练习题巩固。

示例提问："请用三种方法配平这个化学方程式。"

高效提问模板：

"请用初中生能理解的方式讲解（具体问题）。"

"针对这道错题，请生成 3 道类似练习题。"

②实验指导助手，安全开展家庭实验

DeepSeek 可以指导家长和孩子进行安全有趣的化学实验，并生成实验用品清单和安全须知。

示例提问："如何用食用材料演示酸碱反应？"

实验指导模板：

"请设计一个关于（实验主题）的家庭实验。"

"（实验名称）需要哪些防护措施？"

③知识点检测系统，定期学习评估

DeepSeek 可以帮助家长检测孩子掌握情况，例如，生成章节知识点检测题、制作易错点专项练习等。

示例提问："请出 10 道关于溶液浓度的基础题。"

检测模板：

"请生成（化学单元）的基础概念测试题。"

"根据这些错题，分析孩子的薄弱环节。"

④复习计划定制师，科学规划学习进度

DeepSeek 可以协助家长为孩子制订个性化复习方案，例如，按章节制作知识卡片、设计考前 30 天冲刺计划等。

示例提问："请为期中考试制订化学复习时间表。"

计划模板：

"请根据（考试范围）制作每日复习计划。"

"孩子在（知识点）较弱，如何针对性提高？"

第3节 生物学习

初中生物研究生命的结构与功能，涵盖细胞、遗传、进化、生态等核心内容，既充满奥秘又贴近生活。学习过程中，学生常会遇到微观结构想象困难、生理过程理解抽象、专业术语容易混淆等挑战，特别是涉及复杂生命系统时，容易产生困惑。

学生可以向 DeepSeek 精准提问，无论是破解细胞王国的奥秘，还是探索生态系统的平衡，DeepSeek 都能提供专业指导，让生物学习变得直观有趣。

我来帮你破解
生物的奥秘！

1. 核心概念解析

生物有许多抽象概念，比如细胞结构、生理过程等，理解起来可能比较困难。DeepSeek 能通过生动讲解、趣味类比、动态演示，让这些知识变得直观易懂。

①讲解抽象概念

DeepSeek 能把课本上的专业描述变成有趣的故事，让学习不再枯燥。

试试这样问：

"请用讲故事的方式解释'细胞分裂'的过程。"

"能不能用小朋友能听懂的话说明'光合作用'？"

提问示例： "请生动地讲解'食物链'的概念。"

输出示例：

"想象草原上正在上演一场'能量传递大戏'：小草（生产者）通过光合作用制造'能量饼干'；小兔子（初级消费者）吃掉小草获得能量；狐狸（次级消费者）追捕兔子获取能量；分解者（细菌/真菌）最后清理所有'演员'的残骸——这就是自然界的'能量快递'服务！"

②解释专业术语

DeepSeek 能把学生不熟悉的生物结构比作日常物品，使其能瞬间理解复杂知识。

> **试试这样问：** 🔍
>
> "请把'细胞'比作一个城市，说明各细胞器的作用。"
>
> "如果用学校来比喻人体系统，各个部门怎么对应？"

提问示例： "请用快递站比喻'血液循环系统'。"

输出示例：

心脏=快递总部（动力泵站）；

动脉=发货快递车（带氧气/营养）；

静脉=返程空车（回收二氧化碳/废物）；

毛细血管=送货上门的小哥；

血浆=快递车厢；红细胞=快递员；白细胞=保安；血小板=维修工。

2. 实验探究指导

①规范实验操作

DeepSeek 能提供详细的实验操作规范，确保实验步骤的标准化与安全性，帮助学生掌握正确的实验方法并规避操作风险。

高效提问公式： 🔍

"（实验名称）的标准操作流程是什么？"

"进行（实验名称）时有哪些安全注意事项？"

提问示例： "'观察植物细胞质壁分离'实验的正确操作步骤是什么？"

输出示例：

制作洋葱表皮临时装片（滴加0.3g/mL蔗糖溶液）；

低倍镜找到清晰物像；

高倍镜观察原生质层收缩现象；

滴加清水观察复原（验证实验）。

特别注意：盖玻片要斜放，避免气泡。

②显微镜使用分步指南

从基础操作到高级技巧，DeepSeek能系统指导学生掌握显微镜的正确使用方法。

高效提问公式： 🔍

"使用显微镜观察（标本）的具体步骤是什么？"

"如何用显微镜清晰观察到（细胞结构)？"

提问示例："请说明用显微镜观察人体口腔上皮细胞的完整流程。"

输出示例：

准备阶段：擦净载玻片和盖玻片、滴加生理盐水（0.9%NaCl）；

制片：用牙签轻刮口腔内侧，在盐水中涂抹后加盖玻片；

观察：低倍镜（10×）找细胞、高倍镜（40×）观察细胞膜/核；

染色技巧：在盖玻片一侧滴亚甲基蓝，用吸水纸从另一侧引流。

③解析经典实验

DeepSeek 能理解重要实验的原理与设计，可对教材中的经典实验进行专业解析，助学生掌握实验设计的科学思维。

高效提问公式： 🔍

"（实验名称）的实验原理是什么？"

"如何设计验证（生物学现象）的实验？"

提问示例： "请解析'验证光合作用产生氧气'的实验。"

输出示例：

实验装置：在水中的金鱼藻、倒扣漏斗和试管。

关键步骤：强光照射2~3小时，用带火星木条检验气体。

科学原理：气泡成分验证（助燃性证明是O_2）、对照实验设计（遮光组无气泡）。

创新改进：添加碳酸氢钠增加CO_2浓度，使用LED灯控制光照强度。

3. 易混概念辨析

初中生物有许多概念容易混淆，例如光合作用与呼吸作用、有性生殖与无性生殖、动脉与静脉等。DeepSeek能通过对比表格、生活类比、实例解析等方式，帮助学生清晰区分这些易混知识点。

①对比相似知识

DeepSeek 能通过结构化对比，系统化整理相近概念，突出核心差异点，帮助学生建立准确认知框架。

高效提问公式：

"请系统对比（概念 A）和（概念 B）的异同。"

"（两类生物结构／过程）的根本区别是什么？"

提问示例： "请对比'原核细胞'与'真核细胞'。"

输出示例： 如表 7-3 所示。

 表 7-3 "原核细胞"与"真核细胞"对比

对比项	原核细胞	真核细胞
核心差异	无核膜（拟核区）	有完整核膜包裹的细胞核
典型生物	细菌、蓝藻	动植物、真菌、原生生物
细胞大小	1~10μm	10~100μm
细胞器	仅含核糖体	含多种细胞器（线粒体、内质网等）
DNA 形态	环状裸露 DNA	线性 DNA+ 蛋白质（染色质）
分裂方式	二分裂	有丝分裂／减数分裂

续表

对比项	原核细胞	真核细胞
细胞壁成分	肽聚糖（细菌）	纤维素（植物）、几丁质（真菌）
运动结构	鞭毛（简单结构）	纤毛／鞭毛（"9+2"微管复合体）
转录翻译	同时进行（无核膜隔离）	先核内转录，后胞质翻译

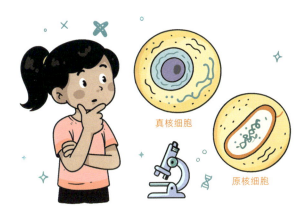

真核细胞

原核细胞

②制作对比表格

DeepSeek 能通过表格形式强化对比效果，清晰呈现关键差异，便于快速记忆。

高效提问公式： 🔍

"请用表格对比（概念 A）和（概念 B）。"

"请列出（两类生物现象）的对比表格。"

提问示例： "制作'动植物细胞'差异对比表。"

输出示例： 如表 7-4 所示。

表 7-4 "动、植物细胞"差异对比

对比项	植物细胞	动物细胞
细胞壁	有（纤维素）	无
叶绿体	有（光合作用）	无
液泡	大而明显	小而少
储存物质	淀粉	糖原
分裂方式	形成细胞板	缢裂

③解析易错概念

DeepSeek 能针对考试易错概念进行专项解析，助学生重点突破高频混淆点，避免常见错误。

高效提问公式：

"（概念 A）和（概念 B）最常混淆的点是什么？"

"如何区分（两个相似过程）？"

提问示例："呼吸作用与光合作用常被混淆，如何准确区分？"

输出示例：如表7-5所示。

 表7-5　光合作用与呼吸作用对比

对比项	光合作用	呼吸作用
本质区别	合成有机物，储存能量（制造"食物"）	分解有机物，释放能量（消耗"食物"）
发生场所	叶绿体（植物细胞）	线粒体（所有活细胞）
发生条件	仅在光照下进行	时刻进行（有光／无光均可）
气体变化	吸收 CO_2，释放 O_2	吸收 O_2，释放 CO_2
能量变化	光能→化学能（储能）	化学能→ATP（释能）
物质变化	无机物（CO_2+H_2O）→有机物（葡萄糖）	有机物（葡萄糖）→无机物（CO_2+H_2O）
反应式	$6CO_2 + 6H_2O \rightarrow C_6H_{12}O_6 + 6O_2$	$C_6H_{12}O_6 + 6O_2 \rightarrow 6CO_2 + 6H_2O$
依存关系	为呼吸作用提供有机物和 O_2	为光合作用提供 CO_2 和能量（ATP）

家长加油站

家长可以通过以下利用 DeepSeek 的方式成为孩子的"生物学习助手"。

我们是孩子学习生物的得力助手!

①概念理解辅助，帮助孩子攻克抽象概念

当孩子遇到难懂的专业术语时，家长可以提问："请用小朋友能懂的话解释'细胞分化'。"

提问示例："请用积木拼装比喻 DNA 复制过程。"

输出示例："细胞分化就像乐高积木，同样的积木块（细胞），按照不同图纸（基因）可以拼出房子（肌肉细胞）或汽车（神经细胞）。"

②实验指导支持，安全开展家庭生物实验

进行家庭实验前，家长可以提问："如何用厨房材料观察细胞膜渗透现象？"

输出示例：材料清单（鸡蛋、醋、糖水）、分步操作指南、安全注意事项（戴护目镜）等。

示例实验： 用醋泡鸡蛋观察半透膜特性。

③复习备考助手，系统化知识梳理

在生物考试前，为帮助孩子复习，家长可提问：

"请生成七年级下册生物知识点思维导图。"

输出示例： 高频考点标记、易错概念对比表、记忆口诀等。

④学习进度管理，定制个性化学习方案

家长可定期提问：

"根据孩子最近三次单元测试，制定薄弱环节强化计划。"

输出示例： 每周重点突破 1 个主题、每日 15 分钟微学习（配套 3 道经典题）等。

⑤生活化学习引导，将知识融入日常生活

家长与孩子外出时，可实时互动提问：

公园观察： "这片树叶的结构对应课本哪部分知识？"

超市购物： "食品配料表中的防腐剂如何抑制微生物？"

输出示例： 结合实景的迷你小课堂。

第 **8** 章

社会科学学科实战

初中阶段的历史、地理和道法课程，是学生提升人文素养、社会认知和公民意识的重要基石。历史可以帮助我们理解文明演进与时代变迁；地理可以指导我们认识自然规律与人地关系；道法则可塑造我们的法治观念与社会责任感。这些课程不仅能为中考奠定基础，更是形成学生世界观、价值观的关键载体。

AI 学习助手　给青少年的 DeepSeek 快速入门指南

DeepSeek 将成为你的"社科智囊团"，全方位提升你的历史、地理、道德与法治学习能力。

社会科学学习同样充满挑战：在历史学科中，学生常因时空概念模糊、事件关联性理解不足而困惑；地理学习时，对自然规律与人文现象的相互作用难以把握；道德与法治课程中，抽象的法律条文和伦理概念也让很多同学感到吃力。

DeepSeek 能为中小学生提供专业的社科学习支持：通过时间轴梳理和因果分析，让历史事件脉络清晰呈现；运用地图可视化与案例分析，帮助理解地理现象的成因与影响；结合生活实例和情景模拟，使道德与法治知识变得生动易懂。此外，系统还能提供重点知识归纳、考点精讲和模拟测评，全面提升你的社科素养。

现在就开启你的社会科学深度学习之旅吧！

第1节　历史学习

　　历史不仅是中考的重要科目，更是塑造学生人文素养和思辨能力的关键。历史可以帮助学生理解文明演变的逻辑、汲取历史智慧，并培养其家国情怀。DeepSeek 则能通过时间轴梳理、核心概念解析、史料分析指导以及记忆强化，让历史学习既系统又生动。

　　无论是攻克"历史事件因果链"的难点，还是掌握"材料题答题模板"，DeepSeek 都能提供精准支持，让过去的故事真正"活"起来。

1. 时间轴梳理与记忆强化

（1）动态时间轴生成

DeepSeek 能自动梳理准确的历史脉络，让事件关联更清晰。

高效提问公式：

"请生成（历史时期／主题）的详细时间轴。"

"用不同颜色标注（某朝代）的政治、经济、文化事件。"

①基础时间轴

提问示例： "请制作三国鼎立时期（220—280年）时间轴。"

输出示例： 略。

②专题时间轴

提问示例： "整理先秦时期的社会制度。"

输出示例： 如图 8-1 所示。

③对比时间轴

提问示例： "对比中西方的文艺复兴与大航海时代。"

输出示例： 如表 8-1 所示。

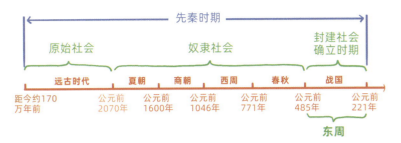

图 8-1　先秦时期年代图

 表 8-1　中西方的文艺复兴与大航海时代

14—17 世纪	欧洲	中国（明朝）
思想文化	但丁《神曲》	王阳明心学
科技发展	哥白尼日心说	《本草纲目》出版
对外交流	哥伦布发现美洲	郑和下西洋（早期）

（2）记忆口诀定制

　　DeepSeek 能将复杂史实转化为趣味记忆点，帮助学生提升记忆效率。

高效提问公式：

"请为（历史事件／朝代）创作记忆口诀。"

"把（多项内容）编成顺口溜。"

①朝代更替口诀

提问示例： "请给出中国主要朝代顺序的记忆口诀。"

输出示例：

夏商周秦西东汉

三国两晋南北朝

隋唐五代又十国

宋元明清民国到

附：各朝代存续年限注解。

②条约内容速记

提问示例： "请给出巧记《马关条约》主要内容的口诀。"

输出示例： "一厂二亿三岛四口"（允设工厂、赔款2亿两、割台澎辽三岛、开放沙重苏杭四口岸）。

③人物关联记忆

提问示例： "请给出唐宋八大家的记忆口诀。"

输出示例： "韩柳欧王曾三苏"（韩愈、柳宗元、欧阳修、王安石、曾巩、苏洵、苏轼、苏辙）

④战役定位口诀

提问示例："请给出区分三大战役时空信息的记忆口诀。"

输出示例：

辽沈（1948.9—1948.11）——关门打狗占东北；

淮海（1948.11—1949.1）——小车推出大胜利；

平津（1948.11—1949.1）——北平模式留古城。

2. 历史概念深度解析

在初中历史"历史概念深度解析"方面，DeepSeek 可提供多维度专业支持，帮助你突破概念理解难点。

（1）核心概念拆解

①要素分析法

提问示例： "请解析'君主专制'与'中央集权'的概念要素。"

输出示例： 如表 8-2 所示。

 表 8-2 "君主专制"与"中央集权"概念解析

核心要素	具体表现	典型制度/措施	历史案例
君主专制（皇权至高无上）	· 独揽决策权（如"朕即国家"） · 绝对人事权（官员任免） · 军事指挥权（虎符制度）	· 廷议制度（最终决策权在皇帝） · 密折制度（雍正） · 文字狱（思想控制）	· 秦始皇"天下事无小大皆决于上" · 朱元璋废丞相 · 乾隆帝大兴文字狱
中央集权（地方服从中央）	· 行政区划管理（郡/州/省） · 财权集中（盐铁官营） · 监察制度（防止地方割据）	· 郡县制（秦） · 推恩令（汉） · 行省制（元） · 督抚制度（清）	· 汉武帝削弱诸侯国 · 宋太祖"杯酒释兵权" · 康熙平定三藩之乱
制度支撑（体系化保障）	· 人才选拔控制 · 官僚体系制衡 · 特务监察系统	· 科举制（隋-清） · 刺史制度（汉） · 内阁/军机处（明/清） · 厂卫制度（明）	· 唐太宗"天下英雄入吾彀中" · 明代锦衣卫监察百官 · 军机处"跪受笔录"

②**概念溯源**

提问示例： "请列出'改革开放'概念的历史渊源。"

输出示例：

思想基础（真理标准大讨论）；

实践起点（小岗村包产到户）；

政策标志（党的十一届三中全会）；

国际参照（东欧改革对比）。

（2）制度对比可视化

①三维对比表

提问示例： "请对比分封制、郡县制、行省制。"

输出示例： 如表 8-3 所示。

表 8-3　分封制、郡县制、行省制对比

维度	分封制（周）	郡县制（秦）	行省制（元）
权力来源	血缘世袭	皇帝直接任命	中央委派
管理效能	诸侯自治	垂直管理	行省—路—府—县
历史影响	导致春秋战国	巩固统一	现代省制雏形

②制度演变轴

提问示例： "请列出中国古代选官制度演变轴。"

输出示例： 世卿世禄（夏商周）→军功爵（战国）→察举制（汉）→九品中正（魏晋）→科举制（隋-清）；

各阶段配套典型案例（如"范进中举"反映科举利弊）。

（3）史料实证解析

①史料精读

上传《资治通鉴》选段。

提问示例： "请解析这段史料。"

38岁的司马迁，继任太史令，开始着手编著《史记》

输出示例：

文言文白话翻译（保留关键术语）；

史实可靠性分析（司马光编纂立场）；

关联课本知识点（如"玄武门之变"在教材中的表述差异）。

②数据可视化

提问示例： "请用数据说明工业革命对英国的影响。"

输出示例：如表 8-4 所示。

 表 8-4　英国工业革命关键经济数据（1700—1850）

指标	1700 年	1800 年	1850 年
钢铁产量（吨）	10（基准值）	150	2000
城市人口占比（%）	15	30	50
铁路里程（km）	0	0	10000+
棉纺织业	手工生产为主	水力纺纱机普及	蒸汽动力规模化

（4）概念关联网络

①多级概念图

提问示例："请构建'民族资本主义'概念网络。"

输出示例：略。

②跨时代联结

提问示例："请列出'民本思想'从孟子到孙中山的演变。"

输出示例：孟子"民贵君轻"→黄宗羲"天下为主"→孙中山"民生主义"。

3. 材料题专项突破

①材料解析技巧指导

DeepSeek 可以帮助学生精准提取材料关键信息，掌握不同类型材料的分析方法，提高解题效率。

高效提问公式： 🔍

"如何从（材料类型）中提取关键信息？"

"（具体材料片段）反映了哪些历史信息？"

提问示例： "如何分析《时局图》漫画中的历史信息？"

输出示例： DeepSeek 会逐步解析，包括识别漫画中的动物象征（如熊代表俄国、鹰代表美国）、分析列强在华势力范围（如德国占据山东、英国控制长江流域）等。

②答题模板与思路拆解

DeepSeek 可以提供结构化答题框架，帮助学生清晰组织答案，避免遗漏得分点。

高效提问公式： 🔍

"（题型）类材料题的标准答题格式是什么？"

"如何结合材料和所学知识回答（具体问题）？"

提问示例： "回答'洋务运动的影响'类题目时，应该怎么组织答案？"

输出示例：

DeepSeek 会给出答题模板：

观点：洋务运动推动了中国近代化的进程。

证据：材料提到"江南制造总局引进西方机器"。

结论：未能改变封建制度，最终失败。

③易错点与优化策略

DeepSeek 可以指出常见答题误区，并提供优化建议，帮助学生提升得分能力。

高效提问公式：

"回答（历史事件）相关题目时，容易犯哪些错误？"

"如何让（具体题型）的答案更全面？"

提问示例："分析'民族资本主义发展原因'时，容易遗漏哪些角度？"

输出示例：

DeepSeek 会提示：

常见遗漏：忽视"列强资本输出"的客观刺激。

优化建议：补充"清政府放宽民间设厂限制"的政策因素。

答题升级：结合材料数据（如1895—1913年工厂数量增长）增强说服力。

4. 跨学科知识联结

DeepSeek 在初中历史"跨学科知识联结"方面可提供多维度支持，帮助学生建立知识网络，提升综合思维能力。

历史的跨学科知识联结

①历史与语文的联结

提问示例： "如何从《过秦论》中提取秦朝灭亡的历史原因？"

输出示例：

语文角度：分析排比句的论证效果。

历史角度：归纳"暴政""徭役繁重"等关键原因。

②历史与地理的联结

提问示例： "为什么元朝定都北京？请结合地理和历史因素分析。"

输出示例：

地理角度：北京位于农耕—游牧交界带，便于控制南北。

历史角度：忽必烈继承蒙古传统，同时需要统治汉地。

③历史与道法（政治）的联结

提问示例： "商鞅变法中的'法治'思想与今天有何区别？"

输出示例：

相同点：强调规则约束力。

不同点：古代法治服务于君主专制，现代法治体现人民主权。

④历史与科技的联结

提问示例： "工业革命如何通过轮船、铁路影响中国近

代史？"

输出示例：

科技角度：蒸汽机技术缩短列强侵华时间。

历史角度：加速中国沦为半殖民地（如《南京条约》开口通商）。

⑤历史与艺术的联结

提问示例： "敦煌壁画如何体现丝绸之路的文化融合？"

输出示例：

艺术角度：犍陀罗风格与中原绘画技法结合。

历史角度：佛教东传与多元文明交汇。

⑥跨学科综合案例

提问示例： "用跨学科知识分析郑和下西洋终止的原因。"

输出示例：

政治：明朝海禁政策。

经济：朝贡贸易财政负担过重。

科技：后期航海技术未持续创新。

家长加油站

DeepSeek 可成为家长帮助孩子学习历史的好帮手。

① **作业辅导智能工具包**

当孩子遇到历史材料题或年代梳理困难时，家长可借助 DeepSeek 快速解析。

操作示例：

拍照历史材料题，上传到 DeepSeek，然后这样提问：

"请分步骤解析这道'商鞅变法'材料题。"

"请标注'新文化运动'对应的课本章节（部编版八年级上）。"

"请生成 3 道'抗日战争'同类材料题，附答案。"

输出示例：

逐句拆解材料关键点。

精确到课本页码的知识定位。

同类习题举一反三训练。

② 学习进度管理台

家长可根据作业或考试情况，定期请 DeepSeek 生成个性化学习方案。

提问示例：

"根据孩子'辛亥革命'相关错题，生成两周复习计划。"

"分析'中国古代经济'单元孩子的薄弱点，并推荐 3 个补救视频。"

输出示例：略。

③ 考试冲刺智囊团

历史考试前，DeepSeek 可以高效提炼学习重点，帮助孩子针对性突破。

提问示例："请生成'八年级下册历史期末冲刺包'（含思维导图＋口诀）。"

"总结'改革开放'5 大必考角度，各配 1 道例题。"

"近三年中考'材料题'高频失分点有哪些？如何避免？"

输出示例：略。

第 2 节　地理学习

　　初中地理包含自然地理、人文地理和区域发展等基础知识，既丰富多彩又贴近生活。无论是攻克等高线判读的难关，还是梳理气候类型的分布规律，DeepSeek 都能带你跨越学习障碍，发现地理学科的独特魅力。

　　在 DeepSeek 的帮助下，抽象的地球自转公转可以通过动态示意图变得直观，复杂的气候成因能够通过生活化类比轻松理解，枯燥的地理数据也能转化为鲜活的案例分析。地理不仅是需要记忆的知识，更是理解世界的钥匙。

1. 抽象概念可视化解析

DeepSeek 能通过多维度方式将抽象知识转化为直观易懂的内容，帮助学生突破空间想象和动态过程的理解难点。

①动态地理过程解析

DeepSeek 可以详细演示地理动态过程，用多步骤分解的方式呈现抽象概念，帮助学生提升空间思维能力。

高效提问公式：

"请演示（地理过程）的动态变化。"

"如何用动画展示（地理现象）的形成过程？"

提问示例： "请演示地球公转与四季变化的动态关系。"

输出示例： DeepSeek会提供详细的动态文字，标注近日点/远日点位置，解释黄赤交角与太阳直射点移动的关系，并配生活类比"像斜着身子烤火"帮助理解。

②三维空间转化指导

DeepSeek 可以将平面地理信息转化为立体空间认知，帮助学生突破二维到三维的思维转换。

高效提问公式： 🔍

"如何将（平面地图）转化为立体空间认知？"

"（地理要素）在三维空间中如何表现？"

提问示例： "如何将等高线图转化为立体地形认知？"

输出示例： DeepSeek会提供3D地形转换规则，并详细介绍如何根据等高线判断山峰、山谷等地形部位。

③地理现象生活化解析

DeepSeek 可以用生活实例解释复杂地理现象，让抽象概念变得具体可感。

高效提问公式： 🔍

"用生活例子解释（地理现象）。"

"（地理概念）在日常生活中的体现有哪些？"

提问示例： "用生活例子解释季风环流的形成。"

输出示例： DeepSeek会提供"地球的呼吸节奏"类比，将夏季风比喻为"吸气"（海洋→陆地），冬季风比喻为"呼气"（陆地→海洋），并配季风环流动画示意图。

④交互式地理学习工具

DeepSeek 可以提供互动式学习方案，帮助学生通过实践掌握地理技能。

> **高效提问公式：**
>
> "如何制作（地理主题）的互动学习工具？"
>
> "有哪些互动方法可以学习（地理知识)？"

提问示例： "如何制作时区计算的互动工具？"

输出示例： DeepSeek会设计可拖动的时区转盘模板，标注关键城市时间，并说明时区计算的口诀"东加西减，经度15度一小时"。

2. 地图技能专项训练

①地图类型解析与判读

适用等高线图、气候类型图、政区图、人口密度图等场景，如图 8-2 所示。

等高线图：分步讲解"凸高为谷，凸低为脊"的判读规则；提供 3D 地形对比图，将平面等高线转化为立体认知。

气候类型图：解析图例（如颜色对应气候带）；关联气温曲线与降水柱状图。

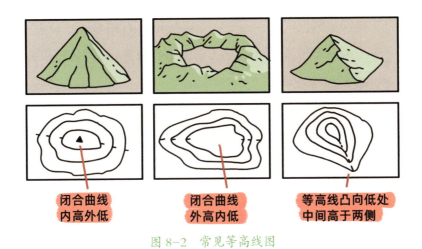

图 8-2　常见等高线图

提问示例：

"如何判断等高线图中的山谷和山脊？"

输出示例：

图示对比 + 判读口诀；

典型错误示例分析（如混淆鞍部与山峰）。

②地图要素提取训练

核心技能：方向、比例尺、图例、注记的运用等。

方向判定：无指向标时，"上北下南"；有指向标时，重新定位，例如，调整地图方向判断河流流向。

比例尺计算：实地距离 = 图上距离 × 比例尺分母，例如，计算校园平面图的真实尺寸。

提问示例：

"地图比例尺1：50 000，图上两村距离4cm，实际距离多少公里？"

输出示例：

计算步骤：4cm × 50 000 = 200 000cm = 2km。

延伸问题：若比例尺放大一倍，新图上的两村距离是多少？

③区域地图综合分析

提问示例：

"分析塔里木盆地聚落分布与地形、水源的关系。"

输出示例：

地形：盆地边缘山麓地带（避免沙漠中心）。

水源：沿河流（如塔里木河）分布。

经济：绿洲农业支撑聚落发展。

④地图绘制指导

提问示例：

"如何绘制中国季风区与非季风区分界线示意图？"

输出示例：

分界线：大兴安岭—阴山—贺兰山—巴颜喀拉山—冈底斯山。

图例设计：季风区（绿色）、非季风区（黄色）。

3. 典型例题深度剖析

再难的题型，我都能给你分析清楚！

冷锋   暖锋

①题型分类精讲

覆盖题型：

成因分析类（如气候/地貌/人口分布成因）；

特征描述类（如河流水文特征、城市分布特点）；

比较评价类（如农业地域类型对比、交通布局优劣）；

对策措施类（如荒漠化治理、城市拥堵缓解）。

例题示范：

提问示例： "分析塔里木盆地聚落呈环状分布的原因。"

输出示例： 抓关键词"塔里木盆地"（干旱区）、"环状分布"（空间特征）。

答题模板

自然原因：盆地地形+水源分布（山麓冰雪融水形成绿洲）。

人文原因：丝绸之路影响+绿洲农业依赖。

图示辅助：环状聚落与盆地地形匹配示意图。

②答题模板拆解

结构化答题技巧可用"3W 法则"，如表 8-5 所示。

表 8-5　"3W"法则

步骤	内容说明	示例（塔里木盆地聚落分布）
What（是什么）	描述现象（明确题目问什么，用地理术语表述）	"塔里木盆地聚落呈环状分布，主要集中于盆地边缘绿洲带，中心沙漠区人烟稀少"
Why（为什么）	分析原因（自然原因＋人文原因，多角度展开）	自然原因：盆地地形，中心为沙漠，边缘山麓冰雪融水形成绿洲；气候干旱，水源决定生存条件。人文原因：历史上丝绸之路依赖绿洲驿站；现代绿洲农业需灌溉，人口集中于耕地区
How（怎么办）	影响／对策（根据题目要求，选择分析影响或提出措施）	影响：资源压力：绿洲水资源过度开发可能引发荒漠化。对策：发展节水农业（如滴灌）；控制人口规模，保护生态

提问示例："请拆解'分析日本工业临海布局原因'的答题模板。"

输出示例：

资源角度：原料进口依赖海运。

交通角度：港口条件优越。

历史角度：战后重建需求。

③易错点预警系统

背之前：
生为牛马我很抱歉

背之后：
你我皆是黑马

摆平易错点，
就是不一样！

高频踩坑题：

混淆概念：如"天气"（短时）与"气候"（长期）。

漏答维度：如只答自然原因忽略人文因素。

地图误判：如将山谷等高线看作山脊。

DeepSeek 纠错示例：

错误答案："南极降水少因为纬度高。"

修正：

主因：极地高压控制（下沉气流）。

次要原因：

低温导致水汽含量少；

纬度影响需关联大气环流。

家长加油站

家长可以利用 DeepSeek 成为孩子学好地理的最强伙伴。

①地图解读专家，随时破解读图难题

当孩子遇到地图题卡壳时，家长可拍照上传地图，DeepSeek 会提供专业解读。DeepSeek 会标注关键信息，讲解判读技巧，并提供类似地图题训练。

提问示例："这张等高线图中 A、B 两地哪处适合修建水库？"

高效提问模板：

"请用初中生能理解的方式讲解（地图类型）的判读方法。"

"针对这道地图错题，生成 3 道同类训练题。"

②地理现象解说员，让知识生动有趣

DeepSeek 可以指导家长用生活化方式讲解抽象概

念，比如用"快递送货"类比季风环流。

地球的水循环，像不像一个巨大的天然"蒸锅"呢？

提问示例："如何用厨房现象给孩子解释海陆风？"

生活化教学模板：

"请用生活例子说明（地理现象）。"

"请设计一个亲子游戏来学习（地理概念）。"

③区域分析教练，培养综合思维

DeepSeek 能帮助家长引导孩子分析区域特征，提供"自然＋人文"双角度模板，并生成对比训练题。

提问示例："如何教孩子分析长江三角洲的区位优势？"

分析指导模板：

"请提供（地理区域）的分析框架。"

"生成 2 个相似区域的对比分析题。"

④学习诊断师，精准把脉薄弱环节

通过错题分析，DeepSeek 可帮家长定位孩子知识漏洞，生成专项训练方案。

提问示例："孩子总混淆山谷和山脊，如何加强训练？"

诊断模板：

"根据这些错题，分析孩子的知识盲区。"

"请制作（薄弱知识点）的补救练习包。"

第 3 节　道德与法治学习

　　学好初中道德与法治课程，不仅有助于学生树立正确的价值观、培养社会责任感和法治意识，还能提升其思辨能力，为其未来的公民生活奠定基础。该课程涵盖个人品德、家庭伦理、社会规则、法律常识和国家政治等内容，对青少年的健康成长和全面发展至关重要。

　　DeepSeek 可以提供精准的课程解析、案例分析、答题技巧和时事热点解读，帮助学生理解抽象概念、掌握法律条文、提升材料分析能力。

1. 概念解析与难点突破

DeepSeek 可通过以下方式让抽象概念变得可感、易悟、能运用。

①抽象概念生活化解析

这种方法适用于难点抽象概念的解析，如权利义务、公平正义、宪法精神等。

提问示例： "如何用班级值日分工解释'权利与义务相统一'？"

输出示例： 如表 8-6 所示。

 表 8-6　权利与义务关系解析表

要素	具体表现	关系说明
权利	享受整洁的教室环境	每位同学拥有平等使用干净教室的权利
义务	按时完成分配的值日任务	履行义务是保障集体权利的前提
关系	权利与义务相互依存	不履行义务（如偷懒）→ 他人权利受损（同学需代劳）； 全员尽责→权利最大化实现

②法律条文可视化解读

这种方法适用于难点法律条文的理解，如未成年人保护法、民法典等条款。

提问示例： "《未成年人保护法》中的'网络保护'条款如何保护学生？"

输出示例： 如表 8-7 所示。

表 8-7　法律条文三维解析法

解析维度	内容说明	示例（网络防沉迷）
法律原文	直接引用法律条款，标注关键表述	《未成年人保护法》第 74 条："网络游戏服务提供者应当对未成年人使用网络游戏时段、时长进行限制。"
生活案例	用学生熟悉的场景解释法律应用	腾讯游戏"健康系统"：12 岁以下每日限玩 1 小时；21:00 至次日 8:00 禁玩
图示责任链	可视化展示法律执行中各主体责任	监管流程图：家长（监护）→ 学校（教育）→ 企业（技术限制）→ 政府（监督）

新旧法规对比表：

对比主题：新旧《未成年人学校保护规定》中"欺凌"定义变化如表 8-8 所示。

表8-8　新旧《未成年人学校保护规定》中的"欺凌"定义变化

对比项	旧版（2016）	新版（2021）	DeepSeek 解读
定义范围	强调肢体、语言暴力	新增网络欺凌、社交排斥等隐性形式	反映互联网时代新型欺凌形态
认定标准	需造成明显身心伤害	增加"可能造成伤害"的预防性认定	体现"早发现、早干预"理念
处置流程	以学校处理为主	明确要求建立家校联动机制	强化家庭监护责任

③易混概念对比表

高频易错点如表8-9所示。

表8-9　高频易错点

易混概念	DeepSeek 辨析方法	记忆口诀
道德与法律	约束力来源（内心信念与国家强制力）	"道德劝良心，法律管行为"
民主决策与民主监督	阶段区分（事前协商与事后反馈）	"决策先商量，监督看落实"

④难点分级突破系统

分层解析策略：

基础版：用一句话定义（如"公平：每个人得其所应得"）。

进阶版：现实矛盾分析（如"教育公平：城乡资源差异如何改善"）。

实践版：设计调研方案（如"采访同学对班级民主管理的建议"）。

提问示例： "请分三个难度层级解析'国家尊重和保障人权'。"

输出示例：

基础：宪法条款原文。

进阶：新冠疫情中"生命权"与"自由出行权"的平衡。

实践：列举校园中保障学生人权的具体措施。

2. 案例分析与思维训练

（1）热点案例深度解析

提供最新社会热点案例，如网络暴力、校园欺凌、消费者维权等，DeepSeek 能够从法律、道德、实践等视角进行多角度拆解。

提问示例： "用'高铁霸座案'分析权利与义务的关系。"

输出示例：

法律：霸座违反《治安管理处罚法》第23条。

道德：破坏公共秩序，缺乏规则意识。

行动：乘客可找乘警处理，学生应如何抵制类似行为？

（2）情景模拟与价值判断训练

适用难点：对于道德选择、规则与情谊冲突等难点问题，DeepSeek 可以帮助学生给出价值判断。

示例情境： "好友考试作弊求你保密，该怎么办？"

思维引导：

明确问题核心（诚信与友谊）；

分析后果（包庇可能助长不良风气）；

提出解决方案（劝好友主动承认错误）。

训练模板： "请生成一个关于'搜题软件'的道德两难情境。"

输出示例： 略。

（3）辩论与批判性思维培养

适用主题：对于社会争议性问题，如"AI 换脸是否合理""代际数字鸿沟"等，DeepSeek 可以从正反两方面给出批判性分析。

提问示例： "设计一场关于'外卖员闯红灯该宽容吗'的班级辩论提纲。"

3. 答题技巧与模板指导

（1）结构化答题模板

适用题型：对于材料分析题、辨析题、实践探究题等题型，DeepSeek 可以给出结构化的答题模板，如表 8–10 所示。

表 8-10　初中道德与法治"三点式"答题法模板

答题步骤	内容要求	示例（网络谣言治理）
（观点）	明确核心论点 （直接回应题目，一两句话概括）	"网络谣言扰乱社会秩序，必须依法治理"
（依据）	理论支撑 （法律条文、道德准则、时政术语）	法律：《治安管理处罚法》第25条（散布谣言最高行拘10日） 道德：诚信是社会公民基本义务
（行动）	实践方案 （个人、社会、国家多层次建议）	个人：不造谣、不传谣 社会：媒体加强事实核查 国家：完善网络实名制

（2）高频题型突破指南

对于辨析题、图表题、情境题等高频题型，DeepSeek 会给出解题策略和记忆口诀，如表 8-11 所示。

表 8-11　初中道德与法治高频题型突破指南

题型	DeepSeek 解题策略	记忆口诀
辨析题	1. 判断对错 2. 分析片面性 3. 补充完整观点	"一判二析三补全"
图表题	1. 读标题 2. 抓数据趋势 3. 关联教材知识	"标题数据双锁定"

续表

题型	DeepSeek 解题策略	记忆口诀
情境题	1. 角色定位 2. 明确冲突 3. 依法依规解决	"我是谁→怎么办"

（3）材料题拆解三步法

步骤指导

划关键词：圈出材料中的"法律""道德""责任"等核心词。

知识定位：关联教材章节（如七年级"友谊与成长同行"）。

分层作答

第一层：现象描述（What）。

第二层：理论分析（Why）。

第三层：践行建议（How）。

家长加油站

家长可以利用 DeepSeek 成为促进孩子道法课程学习的得力伙伴。

比成绩更重要的
是孩子正确的三观

①**价值观引导助手，化解生活教育难题**

提问示例："请用游乐场排队比喻社会秩序的重要性。"

输出示例：就像在游乐场，排队规则（秩序）让每个人都能公平玩到设备（保障自由），插队的人看似自由却破坏了所有人的快乐。

②**法治案例解读师，开展家庭法治教育**

进行生活案例讨论时，家长可以提问：

"如何用外卖小哥的例子讲解《劳动法》保护？"

输出示例：案例剧本（外卖员工伤维权）、对应法条《劳动合同法》（第 17 条）、亲子讨论问题（"如果是你会怎么做？"）。

③**答题思维教练，提升学业表现**

考前复习阶段，家长可提问：

"请用三步法教孩子回答'如何看待网络暴力'。"

输出示例：

观点层：指出网络暴力的违法性。

依据层：引用《网络安全法》第 12 条。

行动层：建议"不参与、要举报、善提醒"。